U0564716

华交法学文库

WOGUO SHENGTAI
HUANJING ZHILI JIUFEN
JIEJUE JIZHI YANJIU

我国生态环境治理纠纷解决机制研究

卢　群◎著

中国政法大学出版社
2024・北京

图书在版编目（CIP）数据

我国生态环境治理纠纷解决机制研究 / 卢群著. 北京 : 中国政法大学出版社, 2024. 12. -- ISBN 978-7-5764-1859-0

Ⅰ. D922.680.4

中国国家版本馆CIP数据核字第2024CA0358号

出版者　中国政法大学出版社
地　址　北京市海淀区西土城路 25 号
邮　箱　fadapress@163.com
网　址　http://www.cuplpress.com (网络实名：中国政法大学出版社)
电　话　010-58908435(第一编辑部) 58908334(邮购部)
承　印　固安华明印业有限公司
开　本　880mm×1230mm　1/32
印　张　8.5
字　数　190 千字
版　次　2024 年 12 月第 1 版
印　次　2024 年 12 月第 1 次印刷
定　价　52.00 元

作者简介

卢群　华东交通大学人文社会科学学院（江西省知识产权学院）专任教师，博士。主持省社科规划基金、高校人文社科项目等省部级项目 3 项，横向课题 2 项；参与国家级、省部级课题 20 余项；主编教材 1 部；发表学术论文 10 余篇。

前　言

环境合作治理理论突破了政府单一治理环境的局限，由政府、社会、市场三大主体合作开展环境治理。在合作治理过程中，由于治理主体理念的偏差、治理责任划分的模糊、体制机制的不畅以及其他客观情势的变化，常常会出现生态环境受到损害后不能得到及时救济而引发环境治理纠纷的现象。环境治理纠纷的产生或难以解决，某种程度上来看是环境治理纠纷解决机制缺乏系统性。系统的纠纷解决机制具有各制度间功能互补、衔接有序、解决途径多元的特征。环境治理纠纷解决机制作为一种调整人与人之间关系的社会机制，从根本上是调整人与自然的关系。要实现人与自然的协调统一，就应当使环境治理纠纷解决机制保障的利益与生态系统的利益具有同一性，用生态伦理道德观念作为构建纠纷解决机制的基本理念，使纠纷解决制度的确立不仅要解决人与人的纠纷，还要实现人与自然和谐的终极目标。为满足复杂、多样化纠纷的解决，纠纷解决制度应该是功能互补且多元化的，既包括传统的诉讼制度，也包括环境公益诉讼和生态环境损害赔偿诉讼；既包括上级政府的协调，也包括政府作为权利人的磋商，等等。环境治理纠纷解决机制是一个有机联系的整体，制度间有机衔接是机制顺畅运行不可或缺的元素，在机制的系统性构建中要注重磋商与环境公益诉讼、环境公益诉讼与生态环境损害赔偿诉讼的程序衔接，避免出现纠纷解决制度的碎片化和相互抵牾的现象。周边环境因素对系统的影响是重要的，客观情势变化下环境治理纠纷解决机制的运行仍可能无法有效解决纠纷，此时需要在纠纷解决途径之外构建强有力的保障制度，为环境治理纠纷解决机制的有效运行和纠纷的顺利解决保驾护航。

本书是在笔者博士论文的基础上修改完善的，内容主要包括七个部分：

第一部分：通过对生态环境治理的界定、模式、影响因素及我国生态环境治理中的制度建设、纠纷解决机制发展等方面的介绍奠定本书写作的基础，明确我国生态环境治理纠纷解决机制作为专门的研究对象具有独特的意义，并确定以系统方法论为指导架构环境治理纠纷解决机制的体系建设。

第二部分：从涵义、主体、结构体系等方面对环境治理纠纷解决机制的基本理论进行研究。环境治理过程中的纠纷是环境治理主体在履行对受损害的生态环境的修复和损害赔偿等治理义务中引发的纠纷。环境治理中的纠纷主体与解纷主体在一定程度上具有同构性，但纠纷的解决仍然需要通过诉讼的方式予以保障，因而司法主体也是解纷的重要主体。环境治理纠纷解决机制以生态伦理道德观、环境合作治理理论、协商民主理论、行政公产理论等理论为基础，构建以协调、磋商、诉讼为纠纷解决途径，以环境责任保险制度、公众参与制度、规范的生态环境损害赔偿资金管理制度为保障的结构体系。

第三部分：环境治理纠纷解决机制之协调。协调是上级政府就发生在不具有隶属关系的地方政府间的环境治理纠纷，通过劝说、调停等方式，促使纠纷各方进行协商，自愿达成协议，或者在协商无果的情况下，以裁决的方式处理纠纷的行为。协调不属于传统的纠纷解决方式，其作为环境治理纠纷解决方式的依据来源于新《环境保护法》第20条的规定，“……跨行政区域的环境污染和生态破坏的防治，由上级人民政府协调解决”，具有法定性。

第四部分：环境治理纠纷解决机制之磋商。磋商是赔偿权利人与义务人就生态环境修复或赔偿的问题经协商一致达成赔偿协议的活动，是一种区别于协商的独立纠纷解决方式。磋商是政府与损害赔偿义务人之间关于生态环境修复或赔偿问题而启动的解纷程序，磋商程序的启动具有政府依职权启动的特点。磋商作为诉讼的前置程序，需要注重相关诉讼程序的衔接，以避免因顺位问题而导致的诉讼冲突或因程序衔接不畅而导致环境公益得不到保护的情形。

第五部分：环境治理纠纷解决机制之生态环境损害赔偿诉讼。生态环境损害赔偿诉讼作为解决政府与市场主体在环境治理过程中纠纷的方式，是为实现生态环境修复或赔偿目的而提起的。生态环境损害赔偿诉讼作为独立诉讼，在形式上与国家赔偿诉讼这一特别程序相似，在程序构建中也可以部分借鉴国家赔偿诉讼制度，设计方便快捷实现权益救济的程序。

第六部分：环境公益诉讼在主体、目的、功能和请求范围上突破了传统诉讼的认识，将无直接利益关系的检察机关和环境NGOs作为起诉主体；将损害环境公共利益或造成重大环境损害风险的行为纳入诉讼的范围，对于环境治理主体在治理过程中的行为加以约束，同时具有预防和补救功能；突破传统环境诉讼着重于维护当事人的人身和财产利益的诉讼目的，将维护环境公共利益和生态环境本身作为诉讼的目的，进而保障社会中每个成员所应享有的生态环境的合法权益。

第七部分：环境治理纠纷解决机制之保障制度。环境治理纠纷解决机制的研究除了其本身理论和制度之外，还必须将其外部环境中保障其机制顺利运行的因素也纳入系统性的思考之中，从系统内外全面的对环境治理纠纷解决机制进行研究。保障制度虽然不能直接运用于纠纷的解决，但是能够降低环境治理纠纷解决机制运行过程中失效的风险，并且能够有助于环境治理纠纷的预防和实质性化解。

目 录

第一章　生态环境治理概述

工业革命带来经济的快速发展，也带来了对生态的破坏和环境的污染。当生态环境问题严重地影响到社会发展和公众的人身安全时，势必成为国家发展过程中最为棘手的问题。西方发达国家，尤其以英美为主在工业革命之后经历了严重的环境灾害。1952 年英国伦敦的雾霾事件，严重的空气污染造成了 1.2 万人死亡。1978 年美国洛夫运河污染事件，缘于对化学危险物质不经正规程序处理而随意填埋，在地下水位上升的过程中化学物质直接被冲到居民的生活区，导致周边居民患病率和死亡率极高，从而引发社会恐慌和混乱。工业化过程中的德国也未能幸免，受污染的土地面积怀疑超过 15%-20%，近 30 万块土地需要治理。[1]我国也同样面临着工业经济快速发展和农业经济滞后发展之下严峻的环境问题，如 2007 年爆发的太湖水污染事件，2009 年湖南浏阳镉污染事件，2011 年云南曲靖铬渣污染事件，2016 年常州外国语学校毒地事件，2016 年江西新余仙女湖水体镉污染事件，2017 年河南新乡小麦镉污染事件，2020 年杭州湖埠村供水管网水质污染事件，2024 年广西贺州养殖场排污水质污染事件等等；

〔1〕 陈廷榔：《德国如何防治土壤污染?》，载《今日国土》2012 年第 9 期。

农村土地的面源污染、焚烧秸秆污染、生活垃圾污染等，都为环境污染治理问题敲响警钟。这些重大的环境灾害无不与生态环境保护过程中的政府管理失灵和市场失灵问题相关。政府虽然在很多情况下是解决环境问题的中流砥柱，但政府受制于多方面因素的影响，导致其治理成效受损或者出现违法行为，因此政府行为并不是良好治理的充分条件。因而，在我国环境治理中除了要不断完善对政府权力的规制、对市场秩序的规制外，还必须有社会公众、非政府组织等主体充分参与到环境问题的解决中，通过多元主体的参与，实现权力与权利的制衡，实现对公权力的监督。随着环保公益组织、志愿团体等社会自治组织力量的不断壮大，社会公众环境保护意识的觉醒和维权能力的提升，他们对环境保护的影响力日益增强，因而不得不重新思考政府与市场、政府与社会的关系，重新界定政府的作用范围和行为方式。为解决环境保护过程中多元主体参与的问题，公共治理理论被引进环境领域，并形成环境治理理论，成为开展生态环境保护的重要理论依据。学者根据治理过程中的不同侧重，提出不同的治理模式，如多中心治理、协同治理、网络治理、整体治理、契约治理等，各治理模式有其优点，但也不可避免的存在局限性。

一、生态环境治理的界定

环境治理是在公共治理理论基础上综合运用发展而来的，环境治理概念的界定与“治理”概念的界定有着本质性的关联。目前国外学者对环境治理的概念也尚未有统一的理解，联合国开发计划署、世界银行和世界资源研究所编写的《世界资源报告

(2001-2004)》中，将环境治理定义为“如何进行与环境有关的决策以及谁来决策的过程”[1] 即环境治理就是对自然资源和环境行使权威，包括制度、政府、企业等公私机构以及权力具体化的决策过程。治理实际上是各个治理主体在竞争与协作的过程中，制定出为大多数人所接受的规则，从而实现治理的目标。勒莫斯（Lemos）与阿格拉沃（Agrawal）将环境治理定义为与环境有关的激励、知识、制度、决策、行为等所有权威行使的过程。即环境治理就是政策行动者影响环境行动和结构的一系列体制、机制和过程。[2] 奥兰·杨（O. R. Young）把治理定义为一种致力于引导和激励人类群体的行为，使得理想得以实现、非理想后果得以远离的社会功能。环境治理是治理领域下的真子集，是指对个体或集体使用自然资源或影响生态系统的行为进行引导或激励，避免公地悲剧等后果，并且最终实现生态系统服务得到保护等。[3]

国内学者在引进治理理论时，首先对“治理”的概念予以明确。俞可平对“治理”一词基本含义的界定从过程、目的方面予以阐述。“治理是一种公共管理活动和公共管理过程，它包括必要的公共权威、管理规则、治理机制和治理方式。官方的或民间的公共管理组织在一个既定的范围内运用公共权威维持秩

[1] UNDP, UNEP, World Bank, World Resource Institute: World Resource (2002-2004): Decisions for the Earth, Washington D. C., World Resource Institute, 2004.

[2] Lemos, M. C., A. Agrawal: “Environment Governance”, Annual Review of Environment Resource, 2006, 31.

[3] Young, O. R.: On Environmental Governance: Sustainability, Efficiency, and Equity, Boulder, C. O., Paradigm Publishers, 2013.

序，满足公众的需要。治理的目的是在各种不同的制度关系中运用权力去引导、控制和规范公民的各种活动，以最大限度地增进公共利益。”[1] 陈振明对治理理论的研究是在对全球化及全球治理问题进行分析后，将政府管理、公民社会、合作网络三种途径作为研究途径的集中体现，并提出治理就是对合作网络的管理，指的是为了实现与增进公共利益，政府部门和非政府部门等众多公共行动主体彼此合作、相互依存，并在此情境下分享公共权力、共同管理公共事务的过程。[2] 张衔春对治理的研究是把治理理论置于中国本土的视角下，将治理的内涵中国化。在公民社会与市场开始扮演越来越重要的角色的情况下，强调政府构成治理现状及研究的重点，要调整和优化现阶段科层政府体系和行政管理体制的结构。[3] 我国环境治理亦是在治理理论的发展基础上，根据我国经济发展与环境问题的特点，形成具有中国特色的环境治理。中国环境与发展国际合作委员会环境执政能力研究课题组认为，在环境保护领域，环境治理一般不仅包括各种政府常用来规范环境相关行为的自上而下的机制，还包括其他非规范性质的手段，如志愿手段、市场机制和教育手段。李万新沿用全球治理委员会在《天涯若比邻》报告中对“治理”的定义模式将“环境治理”定义为“政府、企业和公民等各种公共和私人组织，通过正式或非正式制度来管理和保护环境资源，控制环境污

---

〔1〕 俞可平：《全球治理引论》，载《马克思主义与现实》2002 年第 1 期。

〔2〕 陈振明主编：《公共管理学——一种不同于传统行政学的研究途径》，中国人民大学出版社 2003 年版，第 87 页。

〔3〕 张衔春等：《内涵 · 模式 · 价值：中西方城市治理研究回顾、对比与展望》，载《城市发展研究》2016 年第 2 期。

染并解决环境冲突”。[1]

二、生态环境治理模式

环境治理模式在许多发达国家的发展经历了政府、市场双重失灵之后，为弥补政府管制和市场激励这两种环境治理模式的不足，逐渐确立了信息公开和环境公众参与制度。[2] 自20世纪70年代以来，逐渐发展出三种环境治理模式。一是命令——控制型环境治理方式。政府通过制定环境保护规范、标准来确定管制目标，企业严格遵守，否则会因此受到相应处罚。[3] 在日本，形成一系列强有力的规制体系克服产业公害，“污染物质排放容许限度的排放标准”作为命令监督手段是这一体系的中心。[4] 二是市场激励型环境治理模式。这种模式较为广泛的运用在西方国家的环境治理中，通过经济手段诱导市场主体从事减轻环境负荷的行为，以价格体系引导和激励企业的经济行为来达到环境保护的目标。主要通过环境收费制度、环境补贴制度、排污权交易制度等工具激励市场主体。[5] 美国联邦政府及一些州政府亦是通

---

〔1〕李万新：《中国的环境监管与治理——理念、承诺、能力和赋权》，载《公共行政评论》2008年第5期。

〔2〕参见郭少青：《国外环境公共治理的制度实践与借鉴意义》，载《国外社会科学》2016年第3期。

〔3〕王丽萍：《环境政策的类型与特点分析》，载《资源开发与市场》2013年第5期。

〔4〕［日］交告尚史等：《日本环境法概论》，田林、丁倩雯译，中国法制出版社2014年版，第185页。

〔5〕Robert N. Stavins：Vintage-Differentiated Environmental Regulation，Stanford Environmental Law journal，2006，Vol. 25.

过制定税法，抑制不利于环境的市场活动，以激励环境友好型的生产或有利于环境保护的行为。[1] 三是合作型环境治理模式。政府、市场、社会等多元主体合作参与环境治理，政府与市场主体合作治理形成公私伙伴关系，或是社会公众参与到环境治理中。尤其是社会公众通过听证会、说明会等形式参与到政府的环境决策中或者通过监督、控告、诉讼等方式规制其他环境治理主体的治理行为。法国的“公众调查”就是向公众告知环境治理或工程建设的情况，以收集其喜好、建议、反对意见等，有些在公众调查程序之后还会开展公众辩论、投票，以作为直接影响政府环境决策的依据。

美国环境法学者斯坦佐提出应放弃传统的命令管制手段，回归到公民社会的自我管制，对环境治理模式重塑；[2] Erik-Hans Klijin 等着眼于调查荷兰 18 个复杂的公私合作环境项目，在复杂的情景下以及存在不同利益相关者时，管理层作出决策的方式，认为公私合作在决策中发挥了重要作用；[3] 日本学者黑川哲志在《环境行政的法理与方法》一书中通过对环境风险交流理论、环境信息公开制度、环境成本交流理论、环境保险理论的研究，指出传统的规制框架下的权力性监督会浪费过多行政资源，应开拓柔性的环境治理方式，引入经济方法或利用市场的规制方法，

---

〔1〕 Thomas F. P. Sullivan：Environmental Law Handbook，The Scarecrow Press Inc2005，p. 8.

〔2〕 Rena I. Steinzor：Reinventing environmental regulation：The dangerous journey from command to self-control，Harv. Envtl. L. Rev. 1998，103.

〔3〕 Klijin et al：Facing management choices：an analysis of managerial choices in 18 complex environmental public-private partnership projects，International Review of Administrative Sciences 74（2），2015.

对环境风险规制的责任结构加以优化，为实现复杂多样的环境政策目的而采取具有规范效力的权力性或非权力性的一切有秩序的政府行为和制度。〔1〕

我国学者在综合运用和发展公共治理理论的基础上提出多元化的环境治理模式，从不同的角度和标准来看，主要包括环境合作治理、环境协同治理、环境整体性治理、环境网络治理、环境契约治理等模式。

（一）环境合作治理模式

对于环境合作治理的定义存在多种理解。肖建华、邓集文认为环境公共事务的合作治理模式最终要形成共同分担环境责任的机制，其实质是通过在微观领域建立一种对政府、市场的作用进行补充或替代的制度形态，使大量的社会力量参与环境治理，建立合作型的伙伴关系，建立容纳多元主体的政策制定和执行框架。〔2〕黄爱宝认为环境合作治理是一种超越工具理性和体现高级的环境价值理性的合作形态，合作者作为独立的个体性的人而存在，通过环境伦理自律和环境自治，实现环境合作本身以及合作的总体收益或综合效益。〔3〕朱德米从合作的主体和领域方面界定环境合作治理模式，如环境合作治理可以分为垂直型合作和水平型合作，垂直型强调多层次行动主体的合作，如国际组织、

〔1〕参见［日］黑川哲志：《环境行政的法理与方法》，肖军译，中国法制出版社 2008 年版。

〔2〕参见肖建华、邓集文：《多中心合作治理：环境公共管理的发展方向》，载《林业经济问题》2007 年第 1 期。

〔3〕黄爱宝：《论走向后工业社会的环境合作治理》，载《社会科学》2009 年第 3 期。

中央政府、地方政府之间在环境规划、项目、政策制定执行等方面的合作；水平型强调统一层次的行政部门、私营部门、第三部门等主体间的合作，如各部委间的合作，区域、流域环境治理的合作等。[1] 蒂姆·佛西、谢蕾认为合作型环境治理是融合工业、公民群体或者地方政府的探讨、协约以及一系列的正式及非正式的管理的治理类型。[2]

（二）环境协同治理、整体性治理、网络治理、契约治理模式

协同治理是指“政府、企业、社会组织以及公民等利益相关者在公共事务问题处理中，在相互认同基础之上遵循适当的方式相互协调、协同合作，从而达成共识，实现最优治理效能和最大公共利益的集体行为”。[3]

整体性治理以整体主义和新公共服务为理论基础，其产生的背景有两方面：一是新公共管理的式微，二是数字时代的来临。竺乾威认为新公共管理的“碎片化”产生了诸如转嫁、项目和目标冲突、重复浪费、缺乏沟通和各自为政、服务质量差等问题，而数字时代的来临使信息技术成为当代公共服务系统理性运行的工具，为整体性治理的产生和发展提供了坚实的技术基础。[4]

---

〔1〕 朱德米：《从行政主导到合作管理：我国环境治理体系的转型》，载《上海管理科学》2008 年第 2 期。

〔2〕 蒂姆·佛西、谢蕾：《合作型环境治理：一种新模式》，载《国家行政学院学报》2004 年第 3 期。

〔3〕 黄静、张雪：《多元协同治理框架下的生态文明建设》，载《宏观经济管理》2014 年第 11 期。

〔4〕 竺乾威：《从新公共管理到整体性治理》，载《中国行政管理》2008 年第 10 期。

“网络”是跨学科的概念，在自然科学领域主要指计算机网络；在社会学领域是指社会个体成员之间通过互动而形成的一种相对稳定的关系体系，其关注社会成员之间的互动和联系，强调社会互动对社会行为的影响。马晓明、易志斌认为网络治理模式是治理结构不同于市场和科层的复杂结构，是一个有着共同价值诉求的自组织系统的新治理模式。[1] 网络使主体间通过水平的、谈判的方式实现自我协调，可以避免其它治理形式产生的问题。刘波认为对新公共管理和治理理论的批判继承是网络治理理论的基础。他在关注政府内部治理网络绩效的同时，还积极借鉴了企业治理网络的研究成果，着重于政府、市场和社会的良性互动以及公共服务治理网络的效能。[2] 陈振明从公共管理的视角出发，认为实现与增进公共利益是环境网络治理的目的所在，政府部门和非政府部门等众多公共行动主体彼此合作，在相互依存状态下分享公共权力，共同管理公共事务。[3]

环境契约治理以契约治理理论为基础，是政府为实现治理目标而借助契约工具进行的治理。沈海军从广义和狭义两种视角对契约治理予以阐述，广义的契约治理是指通过一系列正式或非正式契约制度的安排，在政府内部建立权限明确、分工协作的部门关系，在政府外部寻求政府与市场的平衡点，构建一个建立在信

〔1〕 马晓明、易志斌：《网络治理：区域环境污染治理的路径选择》，载《南京社会科学》2009年第7期。

〔2〕 刘波、王力立、姚引良：《整体性治理与网络治理的比较研究》，载《经济社会体制比较》2011年第5期。

〔3〕 陈振明主编：《公共管理学——一种不同于传统行政学的研究途径》，中国人民大学出版社2003年版，第86页。

任、互利与合作基础上的社会治理协调网络体系。[1] 卢超认为广义的契约治理除了一般意义上的公司合作契约方式，公共服务中契约化的组织机构设置都应纳入这一范围中。[2] 狭义的契约治理主要指政府非基于高权而以平等主体身份参与公共治理，通过契约方式合理界定和配置与市场主体之间的权利与责任关系。

三、影响生态环境治理的因素

改革开放后，国内外的学术交流日益频繁，西方学者也因此得以深入了解中国，并对环境问题开展实地考察。国外学者对我国环境治理的研究更加注重使用田野调查、个人访谈以及问卷调查等规范的社会科学研究方法。关注的问题也从一开始的生态退化治理、污染防治等传统环境问题，深入到环境政策、环境体制改革、环境非政府组织、环境治理体系建设等一系列新领域和具有中国特色的重要方面。李侃如（Kenneth Lieberthal）、莱斯特·罗斯（Lester Ross）、易明（Elizabeth Economy）等是其中比较有代表性的学者。李侃如主要是把环境作为其研究中国政治的一个方面，因此他对环境治理问题的研究主要是关注其背后的体制机制障碍。[3] 莱斯特·罗斯是较早将目光聚焦在中国的环境治理、政

---

〔1〕 沈海军：《政府治理模式演变的新趋势：契约治理》，载《汕头大学学报（人文社会科学版）》2011 年第 4 期。

〔2〕 卢超：《经由"内部契约"的公共治理：英国实践——评戴维斯的 Accountability: A Public Law Analysis of Government by Contract》，载《北大法律评论》2009 年第 2 期。

〔3〕［美］李侃如：《治理中国：从革命到改革》，胡国成、赵梅译，中国社会科学出版社 2010 年版，第 282-285 页。

策制定与监管问题上的国外学者，自 80 年代起发表了一系列研究中国环境政策发展过程的文章，如《中国环境政策的完善——一个比较的视角（1984)》《中国的环境法律和政策（1987)》《中国的环境政策（2009)》。[1] 2000 年，易明以我国淮河流域的生态环境变化为切入点，用翔实的数据和坚实的理论框架系统分析了改革开放以来中国生态环境快速退化背后深层次的政治体制原因，探讨如何才能实现经济增长与环境保护的协调。[2]

我国学者任丙强从生态文明视角对环境治理中存在的问题予以研究，认为我国环境治理存在职权划分与环境政策执行问题、官员考核机制与政治激励结构问题、财政分税制与经济激励结构、地方政府与企业间的“利益同盟”、环保机构政策执行能力及其异化等问题，同时还面临经济发展与生态文明建设之间的矛盾、生态整体性与管理体制分割性之间的矛盾、全球化机遇与全球环境治理压力之间的矛盾、公众环境意识提高与制度供给缺乏之间的矛盾，[3] 这些问题和挑战都给环境治理过程中纠纷的产生埋下隐患。冯卓认为经济转型背景下我国环境治理取得了一些成绩，但仍然存在环境治理体制缺乏协调性、政府部门绩效考核标准不利环境改善、环境治理法规和成本核算体系不完善、企业

---

〔1〕 Ross, L.,“The Implementation of Environmental Policy in China: A Comparative Perspective,” Ad-ministration and Society, 1984, 15 (4); Ross, L , M. A. Silk, Envirorrmertal Law and Policy in the People's Republic of China, New York: Quorum Books, 1987; Ross, L , Environmental Policy in China, Bloomington: Indiana University Press, 1988.

〔2〕［美］易明：《一江黑水：中国未来的环境挑战》，姜智芹译，江苏人民出版社 2011 年版。

〔3〕 任丙强：《生态文明建设视角下的环境治理：问题、挑战与对策》，载《政治学研究》2013 年第 5 期。

承担社会责任不明确等问题。[1] 姜爱林、陈海秋、张志辉等从城市环境治理绩效的角度分析存在的问题，认为城市政府及社会公众对环境保护认识不高、经济快速发展加大了城市环境治理压力、城市环境治理基础设施建设滞后、城市环境治理进程难以满足人民群众对城市环境状况的要求、环保产业化水平不高、城市环境治理政策不完善。[2] 韩兆坤博士指出我国环境治理存在以下问题：环保目标被悬置；以线性思维开展环境治理，缺乏整体性、系统性思维；垂直管理部门和横向的政府部门间关系所导致的条块分割、各自为政等问题十分突出，政府、环保职能部门在权责关系上失衡；环境治理过程中权力与法制对抗，各环境保护法律规范、环境政策间的冲突与失调；信息共享机制缺乏，治理主体沟通协调受阻；重视末端治理轻源头控制，未形成闭合的污染治理链条；监督缺位、过度管制以及权力寻租等。[3]

四、我国生态环境治理制度建设情况

（一）我国生态环境治理制度的历史演进

在全球环境治理趋势的推动下，我国环境治理的体制和制度建设得到快速发展。在经历了建国初期对环境污染问题的忽视之

---

〔1〕 冯卓：《经济转型背景下我国环境治理问题研究》，载《沈阳师范大学学报（社会科学版）》2016 年第 2 期。

〔2〕 姜爱林、陈海秋、张志辉：《中国城市环境治理的绩效、不足与创新对策》，载《江淮论坛》2008 年第 4 期。

〔3〕 韩兆坤：《协作性环境治理研究》，吉林大学 2016 年博士学位论文。

后，20 世纪 70 年代我国环境治理工作起步。1979 年 9 月审议并通过的我国第一部综合性的环境保护法律《环境保护法（试行）》对我国环境治理的发展具有里程碑意义。该法明确了中国环境保护的基本方针、任务和政策，确立了“预防为主、防治结合、综合治理”等基本原则，这部法律的颁布标志我国环境保护工作进入法制化轨道。除出台了专门性的环境保护法，大量关于森林、矿产、水资源、大气污染、土地、海洋等方面的法律法规、环境标准也相继出台，这进一步丰富和完善了环境保护法制体系。“环境保护”的基本国策在 1983 年第二次全国环境保护会议上得以确立，将环境保护作为社会整体发展过程中的重要环节，提出经济建设、社会建设、环境建设同步规划、同步实施、同步发展的“三同步”，经济效益、社会效益、环境效益相统一的指导方针以及“预防为主、防治结合”“谁污染、谁治理”和“强化环境管理”三大政策。于此，对环境保护的认识提升到一个新的高度和水平，环保由事后的“治”向事先的“防”深化，对于环保的态度从之前的选择污染还是治理推进到如何治理、谁来治理的命题中，强调预防对于污染治理的重要性。随着法律规范体系的不断完善，曾经单纯依赖行政和政治手段的格局悄然发生改变，形成行政手段和法律手段并用的治理格局，以“命令—控制”的形式实现对环境的管理，此时政府及其职能部门是环境管理的唯一主体。

1982 年的行政管理体制改革对环境保护机构的设置和职责范围作出调整，但这一调整经历了一个较为曲折的过程。将原来的环境保护领导小组撤销后并入城乡建设部门，成为其下属机构，地方也纷纷将城乡建设与环境保护部门合并，形成一体化的管理模式。虽然这一改革的目的在于加强环境保护工作，但是由于环境保护与城乡建设内涵的不同被忽略，片面的将本应该由不同机构承担的不同性质的管理职能统一起来，则环境管理机构独立行使监督管理权的地位逐渐丧失。[1] 尽管 1984 年将城乡建设环境保护部下属的环境局改为国家环保局，负责全国环境保护的规划、协调、监督和指导工作，但是环境保护机构的内设属性使得环境问题和矛盾仍然显著，将环境建设与环境管理混淆的现象客观的体现出我国在经济建设和环境保护之间的关系并未理顺。直至 1988 年环境保护部门才从城乡建设环境部中分离，成为国务院直属机构而独立行使环境管理权。环境保护部门的独立是我国环境保护发展历程中的重要改革，但部门的独立并未将所有环境管理职权统一，如水利部负责全国水资源的统一管理和保护，负责大江大河的综合治理与开发等；国家海洋局负责海洋环境的调查、监测、监视等，并主管海洋倾倒废弃物污染损害等的环境保护工作。如此，环境保护部门与其他职能部门形成分管的环境管理格局。

随着我国行政体制改革的深入、政府职能的转换以及治理理论的推进，环境治理在全国各地得到迅速的发展。有关于环境治理的立法在不断的完善，相关环境政策持续出台，逐渐形成体系化的生态环境治理制度。1992 年我国向联合国环境与发展大会提交《中华人民共和国环境与发展报告》，阐述我国可持续发展的基本立场和观点，并发布《环境与发展十大对策》，坚定实行可持续发展战略是加速经济发展，解决环境问题的正确选择。且

---

〔1〕 参见张明顺编著：《环境管理》，中国环境科学出版社 2005 年版，第 97 页。

提出四项战略措施，通过推进科技进步、运用经济手段、加强环境教育和健全环境法制来实现环境保护和强化环境管理。1994年制定和实施《中国21世纪议程》，提出走可持续发展道路是未来和下一世纪发展的要求和必然选择，但这一阶段仍然把发展国民经济放在第一位，在实现发展经济的同时保护自然资源和改善生态环境。[1] 1995年制定的《淮河流域水污染防治暂行条例》是第一部国家层面出台的区域性的环境治理立法。20世纪90年代是我国环境政策发展实现战略转变的阶段，我国着重工业污染防治，环境治理逐渐从末端治理向全过程控制转变，从单纯的浓度控制向浓度与总量控制相结合转变，从分散治理向分散治理和集中治理相结合转变。进入21世纪后，我国环境治理逐渐走向全面综合决策阶段，2003年提出科学发展观，要求统筹人与自然的和谐发展。随后提出发展循环经济，要求经济GDP与绿色GDP并行发展，通过环境经济政策进行调控，建设资源节约型和环境友好型社会。党的十八大以来，提出将生态文明建设纳入中国特色社会主义事业五位一体总布局，党的十八届三中全会要求围绕建设美丽中国深化生态文明体制改革，健全国土空间发展、资源节约利用、生态环境保护的体制机制。2015年修订的《大气污染防治法》，被称为“史上最严”的大气污染防治法。制定《环境保护公众参与办法》以保障公民、法人和其他组织获取环境信息、参与和监督环境保护的权利，畅通参与渠道，促进环境保护公众参与依法有序发展。《生态文明体制改革总体方案》作为统领生态文明体制各领域改革的纲领性文件，系统全面

---

〔1〕 参见《中国21世纪议程——中国21世纪人口、环境与发展白皮书》第1页。

地阐述我国生态文明体制改革总体要求、理念和原则，[1] 提出建立健全环境治理体系、健全环境治理和生态保护市场体系的要求。2016 年《“十三五”生态环境保护规划》将生态文明建设上升为国家战略，要求实施专项治理、加大环境保护力度、强化生态修复，推进治理体系和治理能力现代化，“提高环境质量，加强生态环境综合治理，加快补齐生态环境短板，是当前核心任务”。2017 年底出台的《生态环境损害赔偿制度改革方案》（以下简称《改革方案》）遵循损害担责原则，着力实现生态环境修复和损害赔偿的目的。2018 年召开的生态环境保护大会提出更多更新的环境治理理念和政策，提出要着力解决损害群众健康的突出环境问题，严守生态保护红线，坚持山水林田湖草整体保护、系统修复、区域统筹、综合治理、完善自然保护地管理体制机制。充分利用市场化手段，采用多种手段支持政府和社会资本合作，协同发挥政府主导和企业主体作用。同年，最高人民法院与最高人民检察院联合发布《关于检察公益诉讼案件适用法律若干问题的解释》（以下简称《检察公益诉讼解释》），为人民检察院正确适用相关法律规定提起检查公益诉讼提供了明确指引。2019 年，最高人民法院发布《关于审理生态环境损害赔偿案件的若干规定（试行）》，针对司法实践中亟待明确的生态环境损害赔偿诉讼受理条件、证据规则、责任范围、诉讼衔接、赔偿协议司法确认、强制执行等问题予以规定。2020 年 5 月，第十三届全国人民代表大会第三次会议通过了《民法典》，在总则中将

---

〔1〕 参见何劭玥：《党的十八大以来中国环境政策新发展探析》，载《思想战线》2017 年第 1 期。

"绿色原则"确立为民法的基本原则之一，并在各分编中新增或改造了部分"绿色条款"，明确了相关主体在民事活动中的绿色义务，同时在侵权责任编中对环境污染和生态破坏责任予以了具体规定。同年8月，《关于推进生态环境损害赔偿制度改革若干具体问题的意见》印发，进一步细化了生态环境损害赔偿工作展开的相关要求，并对索赔启动、鉴定评估、赔偿磋商等提出了具体指导性意见。同年12月，为适应实际需要，正确审理环境民事公益诉讼案件，最高人民法院《关于审理环境民事公益诉讼案件适用法律若干问题的解释》（以下简称《环境民事公益诉讼解释》）得到修正，回应了《民法典》中关于生态修复责任的规定。2022年生态环境部联合最高人民法院等其他13部委发布《生态环境损害赔偿管理规定》，进一步明确了包括磋商制度、生态环境损害赔偿诉讼、生态修复责任在内的各项规定及工作程序，旨在提高生态环境损害赔偿制度的规范性与正当性。随着我国生态文明体制改革的深化，生态环境治理的政策、法规也不断完善更新，至党的二十大召开之际，覆盖各类环境要素的法律法规体系基本建立。但生态环境政策、法规要得以发挥实效，还需不断推进制度机制体系的完善，推动多元主体的积极参与和相关风险防御制度的保障。

我国生态环境治理实践中开拓了多元化的治理模式，如通过政府转移支付等方式引入市场机制，充分发挥市场主体专业化的环境治理能力，将市场资金注入生态保护和环境污染防治中，发挥政企合作在生态环境治理中的效能。尤其在环境基础设施建设和污染治理方面，如垃圾焚烧发电设施建设，环境污染第三方治理等。在区域性生态环境治理中，地方政府充分行使环境治理权，通过政府间合作实现区域环境的协同治理。如《京津冀区域环境保护率先突破合作框架协议》及《“十四五”时期京津冀生态环境联建联防联治合作框架协议》，《泛珠三角区域环境保护合作协议》等皆是区域协同治理的表现。为实现环境的统筹治理和有效修复，国家还开展了机制体制改革和机构改革，通过职能的合并统一行使环境保护监管职权；出台生态环境损害补偿、赔偿制度，实现生态环境的保护和损害的救济。

生态环境治理的发展和演进过程是反映出环境治理在人类社会发展中的重要性的过程。生态环境合作治理是政府、市场在生态环境问题单一治理失灵后的新发展。生态环境治理作为一项复杂的系统工程，由单一的主体、单一的治理手段难以实现对环境问题的系统性治理，通过多元主体参与到环境治理过程中，充分发挥各治理主体的作用以及相互之间基于“合作—竞争”关系发生的化学效应能够更好地发挥治理效能。

（二）我国生态环境治理制度的适用困境

随着治理理论在我国的可适用性得到论证，治理理论便不断适用于社会发展的各个领域，在环境领域治理理论的适用极为普遍。但是，环境治理理论的形成具有其原生社会的基础支撑，在我国适用环境治理理论的过程中，其与我国现有的政治、经济、社会、文化等体制机制会有不适应之处，况且治理本身也存在失灵的可能。虽然环境治理在我国的发展势如破竹，但在仍然还有“水土不服”的情况下，在我国生态文明建设的关键时期，环境治理中存在的问题不得不引起重视。

我国环境治理过程中存在的问题有些是治理理论在我国适用

中出现的矛盾或冲突，有些是制度性因素导致的治理失灵，也有些是程序性问题致使治理效果不彰。这些问题的存在本身就极有可能成为治理主体矛盾、冲突发生的潜在或显性诱因。环境治理理论发展的制度障碍表现在如下方面：

1. 生态环境治理与经济发展理念的悖异

环境与经济是人类生存和发展中两个紧密联系的开放复杂巨系统，环境质量与经济发展之间的关系影响着环境治理的地位。在 20 世纪 90 年代初，Grossman 等根据经济发展与环境污染的相关数据提出环境库兹涅茨曲线，认为环境污染水平和经济增长之间的关系呈现倒 U 型曲线，即当经济发展到一定程度后，相关主体会主动降低环境污染或承担环境污染治理的后果，从而使环境质量得到提升。但从国外许多发达国家和我国的情况来看，在经济快速发展且体量不断增大的情况下，倒 U 型的情况并没有明显的呈现，环境治理与经济发展的紧张关系仍然保持。我国仍然属于发展中国家，经济发展仍然是国家综合实力展现中极为重要的内容，而长期以来积压的环境污染和生态破坏问题，在短时间内也难以解决。从我国当前的政治、经济体制和法律体系来看，政绩和环境绩效的评价标准仍然会影响政府在环境决策和执行中的倾向。

在生态环境治理过程中，地方政府受中央政府的委托对地方企业予以监管，与造成污染企业之间形成一种管理与被管理的关系，政府基于环境公权力对污染主体的行为予以规制。作为“理性经济人”的企业具有较强的逐利性，地方政府在与中央政府信息不对称的情况下，基于对政治利益和经济利益的双重考量，容易受地方经济发展的需要或因其他违法行为而放松环境规制。地方政府既是拥有权力的规制者又是理性经济人，在环境治理的同时仍要关注强调 GDP 的政绩考评，这种评价体制能够促进我国经济增长，尤其是对发展地方经济带来激励，但也导致地方政府过度关注发展经济而忽略生态环境公共利益，缺乏为公众提供生态产品的积极性。[1] 生态环境治理以生态环境公共利益为事实基础，当政府忽略公共利益之时，意味着对环境治理的放任或放弃，从而寻求其他利益的空间。在利益权衡之下常出现地方政府甘愿充当污染企业的“保护伞”的情形。污染企业可以通过节约成本和逃避管制获得更客观的利益，在地方政府与企业利益达成一致时，容易诱发“政企合谋”或“权力寻租”的现象。主要存在以下原因可考量：一是因为法律法规等对政府违规违法行为的惩罚力度不够，对地方政府环境治理行为的约束和追责较为不易；二是对于政府违规行为的惩罚执行不严，在缺乏足够制度约束的情况下，执法的缺失则给予地方政府与企业合谋的空间和环境；三是对造成污染的企业及其责任人的处罚力度不足，《环境保护法》对企事业单位污染行为的惩处主要是以罚款、限制生产、停产整治等手段，企业即使超过污染物排放标准或者超过重点污染物排放总量控制的指标排放污染物，也并未受到太多干扰仍然可以持续生产，只有在情节严重的情况下才责令停业、关闭。对于企业直接负责的主管人员或其他直接责任人，尚不构成犯罪的，除了有关处罚外，也仅给予十日以上十五日以下的行政拘留；情节较轻的，处五日以上十日以下拘留，如此惩罚力度之

〔1〕 参见墨绍山：《环境群体性事件危机管理：发生机制及干预对策》，载《西北农林科技大学学报（社会科学版）》2013 年第 5 期。

下企业为了逐利甘愿冒着被处罚的风险污染环境。我国环境治理过程中在政府政绩评价体系、环保绩效评价体系和惩罚机制的综合作用下，政府在处理经济发展与环境保护问题时，能有空间通过权力行使来获取利益，因而环境治理中基于权力与利益的合谋成为我国环境污染久治不愈的重要原因。

2. 立“法”不足与失衡

新中国成立以来第一部环境保护的基本法《环境保护法（试行）》颁布于1979年，经过十年的实践1989年才正式制定实施《环境保护法》；1982年制定第一部专门领域的环境保护法《海洋环境保护法》。随后陆续出台有关环境治理的其他专门法律，如1984年《水污染防治法》，1987年《大气污染防治法》，1995年《固体废物污染环境防治法》，2003年《放射性污染防治法》，2018年《土壤污染防治法》，2021年《湿地保护法》和《噪声污染防治法》，2022年《生态环境损害赔偿管理规定》，2024年《生态保护补偿条例》等，我国有关环境治理的法律、法规、部门规章、地方政府规章等规范性文件如雨后春笋般出台。但从环境治理过程来看，我国环境政策与法律上存在以下问题：

（1）环境政策、法律法规的制定、修订与我国现实的环境治理需求还有一定距离。一方面是我国许多环境治理的立法、政策的制定往往在爆发严重的环境问题或环境灾难之后。如2005年松花江水污染事件，由于黑龙江省、吉林省对中石油吉林石化公司爆炸造成苯污染事实的掩盖，导致造成整个松花江流域严重的水污染。事件爆发后，国务院加快批准了松花江水污染防治规划。同时该事件也成为中国突发环境事件应对立法的转折点，两年后的2007年通过了《突发事件应对法》。另一方面是法律法规的修订相对滞后，不能符合环境治理与社会发展需求。如我国环境保护基本法《环境保护法》自1989年正式施行以来至2014年修订，整整25年时间；《水污染防治法》自1984年制定后到2008年才第一次修订，至今40年期间也仅进行两次修正；《大气污染防治法》自1987年出台后分别于2000年和2015年两次进行修订。从以上法律的修订来看，虽然我国社会经济发展与环境问题已经发生重大甚至根本性的变化，但是仍然以十几年甚至几十年前的法律作为依据，在面对新出现的生态环境问题治理方面体现出滞后性。同时，生态环境相关的立法愈加丰富，对尽快出台体系化的法典如《生态环境法典》提出了要求。

（2）环境政策、法律法规具有明显的行政规制属性。在我国生态环境立法发展过程中，“政府的许多政策直接采用立法的形式，或者至少成为立法的依据，这点在生态环境法表现明显。此外政府发布的规范性文件，也被普遍承认具有法律效力，并被包含在环境法规这一类的概念中”。[1] 生态环境损害赔偿制度也是从政策文件转为立法的体现，较为特殊的是其内含的磋商制度核心体现为自愿平等协商的理念，行政规制的属性相对弱化。

（3）跨区域协同立法工作开展有待深化。生态环境具有整体性，对于跨地域的生态环境治理如何实现高效协同还需有相关制度的约束和保障，当前京津冀、长三角、粤港澳大湾区等在跨区域协同治理方面已取得一定的成效，但从全国范围来看，还有待进一步加强合作。

---

〔1〕 参见吕忠梅：《环境法新视野》，中国政法大学出版社2007年版，第76页。

（4）民间法规范适用于纠纷解决有待创新。中国古代的乡村是具有血缘关系、互助关系，并形成了共同风俗习惯、文化和价值的地方，是一个携带着中华民族五千年文明基因，且集生活与生产、社会与文化、历史与政治多元要素为一体的人类文明体。[1] 长久以来以人情关系和共同的风俗习惯、文化和价值维系着乡村特有的生活秩序，乡规民约以一种特殊的约束力规范着人们的生活。生态环境作为人类赖以生存的最基本的条件，对其的保护应该落实到生产生活的方方面面，而我国传统的乡规民约中不少有体现对生态环境保护的专门性规范或者俗语。我国在环境治理中对民间法的认可度较低，也忽视其在环境治理纠纷中的纠纷解决作用。我国环境政策、法律法规与环境治理实践的需要之间的脱节、滞后、游离等情形导致环境治理出现无法可依或非良法之治的情形，如此，政府则可能因此具有不受制约的权力或依据不适宜的法律法规执法等，这给治理纠纷的发生埋下制度性根源。因此，对于生态环境治理中“法”的理解可以作广义的解释，不仅包括硬法也应包括软法。

3. 行政与法治的理念抵牾

法大于权应当成为我们认识和处理权与法关系的唯一选择，但是在实践中却难免会出现以权试法的情形。从我国环境治理的发展历程来看，我国环境治理中环境政策和法律法规等作为解决环境问题、实现环境有效治理的制度基础。环境政策是公共政策的重要组成部分，政策主要表现形式有决议、规定、规划、方

---

〔1〕 参见张孝德、丁立江：《面向新时代乡村振兴战略的六个新思维》，载《行政管理改革》2018 年第 7 期。

针、实施纲要等。我国环境保护工作起步于环境政策，环境政策先于环境保护法律是受当时特殊的历史发展背景影响的，一直以来，环境政策都发挥着重要的作用。环境政策在我国环境法律体系日臻完善的过程中也发挥着重要影响，在制定法中“政策占据了重要的并且是非常显著的地位，有时甚至是主导的作用”。[1]环境政策相对于环境法律法规而言在制定主体、实施效力、灵活便捷程度等方面的差异，使得政府在环境治理过程中往往利用政策的灵活性、权力行使的便捷性的特征予以政策重新解读或再界定。中央政府在出台相关政策时一般具有宏观性，原则性和概括性的规定和说明，需要地方政府根据本地环境治理需求作进一步的细化规定，如此，即是地方政府充分发挥主观能动性的过程，其结果可能是严格执行、一刀切、阳奉阴违或者政策擦边球，这个过程实际上是一个变通的过程，体现为完全正式与非正式之间的一种准正式的方式。地方环境政策的制定其实质是地方环境治理权的行使，通过权力的行使实现对国家环境政策的变通，其微妙之处就在于地方政府出台一系列“土政策”，可能表现为红头文件、规章制度或者实践规则等，地方政府名义上通过政策辅助经济社会发展，规制环境污染、生态破坏行为，实际上则为污染行为提供逃避制裁和惩罚的保护伞，如此与国家的环境法律法规在根本上背道而驰。

4. 治理主体结构和治理权责结构的失衡

权责相当原则下环境治理主体享有的权力责任、权利义务应

〔1〕 苏力：《当代中国法律中的习惯——一个制定法的透视》，载《法学评论》2001 年第 3 期。

当是相当的，对于未依法履责的，将承担相应的法律责任，这于环境治理权责关系而言是最为理想的结果。但是，实际上环境保护相关法律规范中对于环境治理主体追责制度的规定却不甚理想。政府以环境治理主导者的身份参与环境治理的过程，法律赋予其广泛的权力，但是广泛的权力授予却缺乏相应的责任承担规定或者责任承担规定过于原则，实操性弱。如《环境保护法》第 10 条赋予政府及环境保护主管部门统一监督管理的权力；第 13 条赋予编制环境保护规划的权力；第 15 条赋予制定国家环境质量标准的权力；第 17 条赋予环境监测等权力；以及被赋予现场检查、查封扣押、排污许可、责令停业关闭等行政强制权力。政府及生态环境主管部门的权力范围涉及面广，但是责任的追究却并不一一对应。《环境保护法》第 6 条规定地方政府对本行政区域的环境质量负责，但具体的责任承担并不明确；第 68 条对政府及其负有环境保护监管职责的部门的九种行为规定了责任承担方式，即对其直接负责的主管人员或其他直接责任人员予以内部行政处理。相对于政府所获的权力，问责得过窄、过轻即是一种权责失衡的表现。而对于监管政府环境职权行使的制度规定和机制构建的相对缺失，导致政府环境治理责任的追责机制不畅，这从客观上也导致环境治理中政府权责的失衡。

相对于政府在环境管理中责任承担的缺失和追责机制的不畅导致的权责失衡，其他治理主体在治理过程中表现出来的权责失衡在于其义务的履行和责任的承担宽于权利的获得。企业事业单位既是排污主体又是治理主体，在《环境保护法》法律责任一章中共有 11 条规定，其中 5 条内容是关于企业事业单位的责任承担，而其作为治理主体的权利被忽视。在跨行政区域（尤其是跨省域）的环境治理中，合作主体之间不存在行政隶属性，并不能直接行使环境管理职权对其追责。基于区域合作的环境治理其区域合作协议兼具行政性和合同性，在学界和实践中被界定为区域行政协议，但不在行政诉讼法中规定的行政协议范围之内，因而难以规定其相应的责任属性和责任承担方式。随着《关于推进环境污染第三方治理的实施意见》的出台，企业与第三方治理主体间的连带责任承担方式使得企业与地方政府、第三方治理主体间的权责关系还要再度厘清。

基于生态环境资源的全民所有，社会公众对于生态环境资源享有权利，同时对政府环境管理行为有监督权。但社会公众参与环境治理于相关法律法规中的规定一般是相对原则的，具体权利的行使及其效力规制等实体和程序上都缺乏较为完善的规定。社会公众参与环境治理中存在公众参与效力过低及权利滥用的问题，如政府过度权力决策或公众参与不足或公众滥用参与权利阻碍政府科学决策，对于社会公众滥用参与权利行为的规制缺乏专门的规定。我国《重大行政决策程序暂行条例》的法律责任篇章中仅规定“参与决策过程的专家、专业机构、社会组织等违反职业道德和本条例规定的，予以通报；造成严重后果的，依法承担法律责任”，对于社会公众未作出责任追究规定。公众参与环境影响评价是公众参与环境治理的情形之一，而《环境影响评价公众参与办法》更多是从保障公众参与权利行使的角度出发，对公众参与过程中权利滥用等情形的责任追究并未涉及。虽然，保障和增强社会公众参与环境治理的权利是当前我国社会公众参与问题解决的关键，但是，权利义务是相互依存的统一整体，在对权利予以保障的同时也应当对其义务的履行或责任的承担作出规定，对公众参与权利滥用的责任追究的缺失也是环境治理权责关系失衡的表现之一。

五、生态环境纠纷解决机制的发展情况

对于纠纷解决途径的认识，学者基于出发点的不同而观点各异，G. Bingham 认为环境纠纷通常需要一种兼顾经济效益和环境意识的解决途径。[1] 有学者从社会心理学角度指出，环境纠纷需要的是一种市场为基础的程序和政府裁断混合而成的纠纷解决方式，这样有利于克服环境纠纷解决中的社会心理障碍。[2] B. van Rooij 认为在纠纷解决途径选择中要适用对控制污染以及为民众的不满提供适当的救济最为有效的行为。[3] 人类社会纠纷的解决有两种基本类型：一是根据合意的纠纷解决，以纠纷当事人就如何解决达成合意使得纠纷解决；二是根据决定的纠纷解决，根据第三方就纠纷如何解决作出一定的指示作为终结纠纷的方式。[4] 从具体的环境纠纷解决方式来看，美国在诉讼机制外，鼓励政府运用调解、协商、仲裁以及其他方式及时解决纠纷，也鼓励在诉讼中使用 ADR（替代性纠纷解决方式）。韩国和日本的

---

〔1〕 See G. Bingham, Resolving Environment Dispute: A Decade of Experience, Washington D. C.: The Conservation Foundation, 1986, p. 2.

〔2〕 See M. W. Morris and S. K. Su: Social Psychological Obstacle in Environment Conflict Resolution, American Behavioral Scientist, 1999. p. 2.

〔3〕 See B. van Rooij: The People vs. Pollution: Understanding Citizen Action against Pollution in China, Journal of Contemporary China, 2010, 19.

〔4〕 参见［日］棚濑孝雄：《纠纷的解决与审判制度》，王亚新译，中国政法大学出版社 2004 年版，第 10-14 页。

环境纠纷解决机制由诉讼和行政处理两部分组成，日本的行政处理主要是通过向市町村的市民相谈室、都道府县公害课、警察署、保健所、法务局的人权维护机关等行政窗口投诉、反映情况，通过这些机关在事实上的斡旋或劝告使得纠纷得到解决。[1]韩国设有专门的环境纠纷解决委员会对纠纷进行行政处理，中央一级的环境纠纷委员会主要受理跨地区的环境纠纷或100人以上的环境投诉，地方一级的环境纠纷委员会则负责受理地方的环境纠纷。

关于环境纠纷，我国学者对其内涵的界定不甚相同。王灿发、许可祝认为环境纠纷是指环境污染和其他公害纠纷，是社会成员之间因污染物和能量的排放或者光线干扰、阻挡通风、采光等引起的争议。[2] 齐树洁、林建文认为因环境资源的利用而产生的冲突和矛盾就是环境纠纷。[3] 吕忠梅从纠纷的特性界定环境纠纷，认为环境纠纷往往是因为人类不合理的开发利用自然环境，导致环境的破坏或者污染，从而对人身、财产和生态环境利益的损害而引发的纠纷。[4]虽学者对环境纠纷的界定的表述各有侧重，但是终究是围绕着环境权益这一核心。环境纠纷以不同标准可划分为不同类型：①根据纠纷主体划分，包括企事业单位之间、居民之间、企事业单位与居民之间或者社会成员与环境行政

---

〔1〕［日］原田尚彦：《环境法》，于敏译，法律出版社1999年版，第36页。

〔2〕王灿发、许可祝：《中国环境纠纷的处理与公众监督环境执法》，载《环境保护》2002年第5期。

〔3〕齐树洁、林建文主编：《环境纠纷解决机制研究》，厦门大学出版社2005年版，第1页。

〔4〕参见吕忠梅：《环境友好型社会中的环境纠纷解决机制论纲》，载《中国地质大学学报（社会科学版）》2008年第3期。

机关之间的环境纠纷。②根据环境利益是否直接受到损害划分，包括行为人与特定受害人因环境权益受到损害而发生的纠纷和行为人与环境权益未直接受到损害者的纠纷。③根据行为人行为的合法性来划分，包括由行为人的违法行为引发的环境纠纷和行为人的合法行为造成损害而引发的环境纠纷。④从受损利益性质来划分，环境纠纷包括公益性质和私益性质的纠纷。环境污染或破坏在对个人人身或财产造成损害引发纠纷的情况下，受损害人仅就自身权益受到的损害寻求救济，属于私益性质的纠纷。对于生态环境本身的损害引发的纠纷，由于生态环境的公共物品属性，其纠纷的本质属性是公益性质的。⑤从纠纷法律性质来划分，包括环境民事纠纷、环境行政纠纷、环境刑事纠纷。从各国环境法的规定来看，环境纠纷一般被纳入民事纠纷范畴，但根据行为主体的身份以及行为属性的差异，有些亦纳入行政或刑事纠纷的范畴。

我国环境纠纷解决机制中存在一些问题。王钢认为在我国环境纠纷调解中还存在法律规定过于简陋、上下位法规定不一的问题，而且现有立法对于某些关键问题规定不明，如环境纠纷调解员是否享有裁决权、环境纠纷调解是否可以由一方当事人单方申请而发起，以及调解协议的效力问题等都还缺乏足够明确的规定，影响环境纠纷调解的实践的运行。[1] 孟甜认为我国环境纠纷解决已形成多元化的纠纷解决机制，但有些解决机制发挥作用的情况受客观情况的局限，如环境纠纷诉讼解决方式不足、实体

---

〔1〕 王钢：《我国环境纠纷调解现状及存在问题探析》，载《生态经济》2013年第1期。

法与程序法不健全导致的立法供给不足、起诉资格过窄、立案要求过严等问题；而行政处理有产生的法律文件法律效力弱，执行力较低，调解书的实现只能依靠当事人自觉，缺乏强制力保障，难以有效解决纠纷等问题。〔1〕王灿发从环境纠纷解决机制与环境损害赔偿的角度出发，认为当前的环境纠纷解决机制尚不能满足解决环境损害赔偿纠纷的需要，因为其在证据的收集、举证责任的规则、因果关系的确定、赔偿额的计算方法等方面都有自己的特点，现有的法律缺乏相关规定。〔2〕

也有学者提出了促进我国环境纠纷解决机制完善的建议。环境纠纷的解决途径主要有诉讼、调解、仲裁、协商和谈判等，其中调解包括司法调解、行政调解、人民调解。郭红燕把官方性和民间性作为划分纠纷解决机制的标准，认为我国的环境纠纷解决方式既包括法律诉讼、司法调解、行政调解等官方主导的司法手段和行政手段，又包括直接协商谈判、人民调解、民间仲裁、利益相关者圆桌对话等民间主导的社会手段。〔3〕郭红燕、王华认为应当加强民间组织在纠纷解决过程中的作用，在行政机构或社会组织中设立专门的环境纠纷解决机构；对环境纠纷解决进行专门的立法。孟甜在分析我国环境纠纷解决机制的同时也提出要建立与环境纠纷特点相适应的环境纠纷解决机制，健全环境纠纷解决的支持体系，加强环境侵权救济的社会化、环境非政府组织的

〔1〕孟甜：《环境纠纷解决机制的理论分析与实践检视》，载《法学评论》2015 年第 2 期。

〔2〕王灿发：《论环境纠纷处理与环境损害赔偿专门立法》，载《政法论坛》2003 年第 5 期。

〔3〕郭红燕、王华：《我国环境纠纷解决机制现状与改进建议》，载《环境保护》2017 年第 24 期。

培育和发挥律师的作用，以促进公众选择规范化、制度化的纠纷解决方式。

从以上综述可知，国内外的研究主要针对环境纠纷的解决，环境纠纷解决机制着重对因环境污染或生态破坏造成的人身、财产损害的救济。我国在有关环境治理制度或实践中逐渐出现关于环境治理纠纷解决制度或程序的研究，例如，国内学者李广兵的《跨行政区水污染治理法律问题研究》，朱国华的《我国环境治理中的政府环境责任研究》，娄树旺的《环境治理：政府责任履行与制约因素》和周珂、史一舒的《环境污染第三方治理法律责任的制度建构》，刘子平的《环境非政府组织在环境治理中的作用研究：基于全球公民社会的视角》等，主要是从治理主体的责任追究角度对治理主体存在矛盾、冲突问题予以研究，但缺乏对环境治理过程中纠纷解决的探讨。我国有关环境制度和实践对环境治理纠纷的解决有重要作用，如跨行政区环境治理中通过缔结区域合作协议实现区域环境法治的协调，通过政府间的协商实现环境治理矛盾的有效化解，如生态保护补偿制度就是建立在政府间充分协商、沟通的基础之上，尤其是跨省域的生态环境补偿，对补偿标准、方式、保障措施等方面予以确定。生态环境损害赔偿制度的出台，也为政府与企业环境治理纠纷的解决提供了渠道，其确立了磋商前置程序，通过磋商达成损害赔偿和生态环境修复；若磋商无法达成一致协议的，则通过生态环境损害赔偿诉讼的方式予以解决。为解决生态环境治理这一复杂系统工程中产生的纠纷问题，需要对环境治理纠纷解决机制进行系统化研究。

第二章　生态环境治理纠纷解决机制的基本理论

本章作为整个研究谋篇布局的开端部分，研究的主要内容集中在对环境治理纠纷解决机制的内涵、外延予以分析和界定，对环境治理纠纷解决中涉及的主体予以分析，以生态伦理道德观念、环境合作治理理论、协商民主理论、行政公产理论等为理论基础支撑，以系统方法论为指导构建环境治理纠纷解决机制的结构体系。

一、生态环境治理纠纷解决机制的界定

在社会学意义上，“纠纷”是一种社会冲突，“意味着失范，代表了社会秩序紊乱和道德规范失衡的反动倾向”。[1]社会学家认为纠纷对社会整合和促进社会变迁有正价值，且认为并非所有的纠纷都应该被消灭。科塞认为，冲突具有如下的积极功能：使仇恨在社会单位分裂之前得到宣泄和释放；提高社会单位的更新力和创造力水平；促进常规性冲突关系的建立；提高对现实性后

〔1〕 何兵：《现代社会的纠纷解决》，法律出版社 2003 年版，第 4 页。

果的意识程度；社会单位之间的联合度和适应外部环境的能力得到提高和增强。〔1〕但在法律意义上，从法律建立和维护社会制度、社会秩序的功能出发，纠纷和社会冲突都意味着对社会既有制度和秩序的损害，是一种消极的存在。〔2〕纠纷解决是指纠纷发生后，特定的解纷主体依据一定的规则、手段和程序，消除冲突、对损害进行救济、恢复秩序的活动过程。纠纷解决可以是双方当事人之间的行为，也可以是当事人在中立第三人的参与主持下进行的活动；既可以通过民间社会力量，也可能需要依靠国家权力及其职权行为实现。〔3〕从法律的角度来看，纠纷的解决是必要的，纠纷解决机制的完善意味着法律在同步得到完善，要实现纠纷的解决其前提之一是必须明确存在何种性质、类型的纠纷。随着非诉讼纠纷解决方式及其对司法程序的替代和补充，纠纷解决理论逐渐将关注点转移至多元纠纷解决的视域。在善治理念的指引下，多元化纠纷解决提倡以和谐的方式和价值观重新构建社会治理机制，不仅关注纠纷后的救济，还注重对社会关系的调整，降低纠纷解决的成本和风险，改善纠纷解决的效果。纠纷解决机制是指社会为解决纠纷而建立的由规则、制度、程序和机构及活动构成的系统。〔4〕包括各种正式和非正式的，制度化和非制度化的纠纷解决活动。当代社会关于纠纷解决与社会治理的理

---

〔1〕 参见［美］L. 科塞：《社会冲突的功能》，孙立平等译，华夏出版社 1989 年版，第 9 页。

〔2〕 吕忠梅：《环境友好型社会中的环境纠纷解决机制论纲》，载《中国地质大学学报（社会科学版）》2008 年第 3 期。

〔3〕 范愉、李浩：《纠纷解决——理论、制度与技能》，清华大学出版社 2010 年版，第 14 页。

〔4〕 同上，第 20 页。

念转变，集中的体现在多元化纠纷解决理论和实践中，即从对抗走向对话协商，从单一价值走向多元化，从胜负决斗走向争取双赢，更加关注与通过交流与合作来化解纠纷，更加重视主体间的相互尊重与宽容的价值。多元纠纷解决机制通过更为常识化、便捷化的方式，由纠纷主体亲身参与的人性化和人情化的程序设计，能够充分实现真正以纠纷当事人为中心的纠纷解决，而不是以国家为中心，从而有利于从根源上平息争执和冲突，恢复和谐的社会关系和秩序，真正实现纠纷的“化”和“解”的功效。

（一）生态环境治理纠纷解决机制的涵义

我国生态环境形势严峻，环境问题频发，在经历政府作为单一主体开展的环境管理失灵之后，治理理念被引入环境领域，然而环境治理过程中理论的适用性和治理本身皆存在诸多问题，成为环境治理过程中纠纷产生的根源之一。当前，因环境破坏或污染引发的环境纠纷是环境领域常见的纠纷，对该纠纷的解决机制的研究也较为成熟，而本书所指的环境治理纠纷解决机制是治理主体在环境治理过程中因违法、违约等行为引发的纠纷的解决机制。该机制所解决的纠纷涉及公共利益并呈现如下特征：

（1）纠纷是发生在环境治理过程中的纠纷。环境治理过程主要是对受损的生态环境的一种修复的过程，着重于对污染和生态破坏的“治”的行为，是治理主体在履行对生态环境的治理义务过程中引发的纠纷。

（2）纠纷由治理主体的违法或者违约等行为引发。环境治理中的纠纷是基于法定的治理义务或已经通过诉讼、行政处罚或者协商等方式明确其治理义务之后，因治理主体不能履行法定的、判决或决定明确的、协议规定的治理义务而产生的纠纷。

（3）纠纷涉及的利益具有公益性质。该纠纷涉及生态环境本身，治理主体对受损的生态环境的修复或损害赔偿等治理义务的履行，是对环境公共利益的一种救济。

以环境合作治理理论对主体进行划分，环境治理的主体有政府、社会主体、市场主体，政府行使环境管理职权过程中与社会主体和市场主体间构成多重属性的法律关系，有基于抽象行政行为或具体行政行为与社会或市场主体形成的单向行政管理关系；也有基于环境治理需要与社会、市场主体间形成的合作治理关系。但政府对社会或市场主体的环境管理行为并非都会产生争议，即使产生了争议也并非为治理过程中的纠纷。应当是政府作为环境治理主体时，其行政行为行使的对象——社会主体或市场主体同时也为环境治理主体，而非仅仅为行政法律关系中的行政相对人。如政府对污染企业作出限制生产、停业整治或责令停业、关闭的行政处罚是环境治理的体现，但由此产生的行政争议并不属于环境治理主体的纠纷，因为此时污染企业仅是作为私益主体受到行政处罚；但当污染企业因违反法律法规、判决或行政处罚中规定的对受损环境的治理义务，即应当承担环境修复或赔偿等治理责任时，其履行义务的过程亦是以治理主体身份解决环境问题、参与环境治理的过程，政府、社会主体与污染企业因此而产生的纠纷属于环境治理中的纠纷。社会公众主要是基于在环境治理中的监督权，监督污染企业的环境治理或者第三方治理主体的治理过程中与其他主体产生纠纷。环境治理以政府为主导，因而政府在环境治理过程中发生的纠纷从概率学角度来看主要发生于政府与市场主体之间，因造成环境损害的市场主体不履行对环境治理的义务而发生纠纷的情形。

纠纷解决与纠纷是归属于不同层面的概念，纠纷是对客观存在的社会现象的一种静态描述，而纠纷解决则是主体对客观存在的纠纷进行主观改造的属于实践层面的动态过程。[1] 纠纷解决是社会实践中普遍存在的现象，而作为一个学术概念则是一个“舶来品”，其与西方国家“接近正义”理念紧密联系，要求纠纷的解决不仅要追求“量化的正义”，还要实现“实质的正义”。[2]我国学者范愉认为“纠纷解决是指在纠纷发生后，特定的纠纷主体依据一定的规则和手段，消除冲突状态、对损害进行救济、恢复秩序的活动。”[3] 顾培东教授则从纠纷解决的效果层面对纠纷解决予以界定，认为纠纷的解决首先要在外化形式上实现冲突的消解，其次在实体上要实现合法权益和法定义务的履行，再次要实行法律或统治秩序的尊严或权威的恢复，最后纠纷主体要从内心放弃和改变对抗的态度。[4] 笔者认为，纠纷解决的界定缺乏或忽略目的、方法、主体、过程、结果、效果等任何一个方面，都难以准确界定。不同的纠纷类型具有不同的特性，其纠纷解决的主体，适用的方法，要达到的目的、结果、效果都不同，但从普遍意义上而言，其目的应当是在于纠纷主体间对抗关系的结束；在方法或手段的选择上必须以道德的、非法律禁止

---

〔1〕 陈佩：《社会自治中的纠纷解决机制研究》，中共中央党校 2016 年博士学位论文。

〔2〕 参见［意］莫诺·卡佩莱蒂编：《福利国家与接近正义》，刘俊祥等译，法律出版社 2000 年版，第 1-3 页。

〔3〕 参见范愉：《纠纷解决的理论与实践》，清华大学出版社 2007 年版，第 14 页。

〔4〕 参见顾培东：《社会冲突与诉讼机制》，法律出版社 2004 年版，第 27-29 页。

的方式；过程中应当充分尊重纠纷主体的合意；结果方面至少在外化形式上要表现为冲突状态的消除、损害得到救济、秩序得到恢复等，在实质上要达到“接近正义”，使得纠纷主体能够实现最大效益的诉求；在最终的效果上尽可能使得纠纷主体放弃或改变对秩序或制度的对抗心理和态度，在行为过程中实现自我规制从而减少纠纷发生的可能。对纠纷解决的判断不能仅仅框限于外化的形式结果，因为纠纷解决本身就是包含过程与结果的，只有经历了最好的过程，才能从实质意义上得到最好的结果和效果。纠纷解决过程中主体行为、影响主体决策的各种因素、主体间的合意等都应当被考虑在内，尤其是主体间的合意行动与交涉对纠纷解决的进程和结果会产生重大影响。

环境治理纠纷解决可以理解为是环境治理主体通过合意或者第三方裁判的方式，消除彼此间的冲突，恢复到合作治理的状态，共同致力于环境公共利益的保护和实现受损生态环境的赔偿或修复。对于纠纷解决的衡量则应当是外化的行为冲突、制度不协调等得以消除；各治理主体在政治体制允许、非法律禁止的情况下，通过充分的沟通、协商或合意解决或由第三方裁决以积极履行义务；实现环境公共利益的最大化和生态环境的保护或修复；最终治理主体恢复到合作治理的状态，就是恢复治理主体彼此的信任，而这种信任主要建立在环境治理过程中政府不断提升的公信力，社会主体不断增强的参与能力和市场主体逐渐形成的自我规制力三者相互作用的基础上。

（二）纠纷解决机制的基本要素

基本要素是纠纷解决机制构成的基础，而纠纷解决机制是否能够发挥实效则还要看具体的纠纷解决制度、程序等是否符合正义性，而公正与效率是其两个重要维度。从纠纷解决的微观维度来看，就是要保障纠纷主体在纠纷解决中的参与程度，确保纠纷解决者的正当性、权威性、中立性以及所依据的规则具有确定性。“机制”一词反映了人们对事物的认识已从孤立的现象描述进到整体的本质说明的深化，清晰地表达了事物的整体性、运动性特征，表达了事物内各环节、要素之间的多元联系性、有序性特征。[1]《现代汉语词典》对“机制”从不同学科角度予以解释，如机制的构造及其工作原理，机体的构造、功能和相互关系，某些自然的规律；工作系统的组织或部分之间相互作用的过程和方式等。[2]环境治理纠纷解决机制中“机制”应当理解为系统内部各组织或部分的相互作用的过程和方式，即环境治理纠纷解决机制既包括纠纷解决的过程，也包括纠纷解决方式。因此，机制本身所包含的多元联系性和有序性特征决定了纠纷解决机制应当是多元化、有序化的，且是由诸多具体的制度设计组成。具体到纠纷解决机制，赵旭东认为应该是一种总体性制度的构造以及各组成部分之间的关系和运行原理，包括纠纷解决的理念、制度安排和具体的方法。[3]范愉认为是“社会各种纠纷解

---

〔1〕 宋瑞兰：《论法律调整机制》，载《法律科学（西北政法学院学报）》1998年第5期。

〔2〕 参见中国社会科学院语言研究所词典编辑室编：《现代汉语词典》，商务印书馆2005年版，第628页。参见贺荣：《行政争议解决机制研究》，中国人民大学出版社2008年版，第58-59页。

〔3〕 参见赵旭东：《纠纷与纠纷解决原论——从成因到理念的深度分析》，北京大学出版社2009年版，第62-63页。

决方式、制度的总和或体系”。[1] 从纠纷解决的界定和对机制的认识来看，纠纷解决机制应当是具有系统性、整体性、多元性、有序性等特性的，纠纷解决理念，体制、制度或程序安排和具体的方式方法的总和或体系。纠纷解决机制的基本要素包括纠纷主体、纠纷的内容、纠纷的解决者和纠纷解决所依据的规则。[2]

（1）纠纷主体是纠纷解决机制的最基本要素，主体的不同直接导致具体解决方式的不同，影响纠纷解决者的确定和纠纷解决所依据的规则的适用。环境治理纠纷主体包括政府、社会公众、环境 NGOs（非政府组织）、污染企业和第三方治理企业、检察院等。

（2）纠纷的内容决定纠纷的类型，纠纷类型的确定有利于纠纷主体选择适当的纠纷解决程序，也有利于纠纷解决者选择最适宜的手段解决纠纷。[3]

（3）纠纷的解决者可以是纠纷主体本身，通过协商、谈判等方式自主解决；当纠纷主体不能或不适宜对纠纷予以解决时，就需要具有权威性的、中立的第三方作为纠纷的解决主体，通过为纠纷主体提供协商、沟通的平台或者直接作出强制性的裁决来解决纠纷。环境治理过程中不同主体之间产生的纠纷的解决方式有所不同，例如地方政府间的纠纷无法通过诉讼的方式解决，多以地方政府间直接协商或通过跨区域协调机制或由共同的上级政

---

〔1〕 范愉主编：《ADR 原理与实务》，厦门大学出版社 2002 年版，第 47 页。

〔2〕 参见沈恒斌主编：《多元化纠纷解决机制原理与实务》，厦门大学出版社 2005 年版，第 38-40 页。

〔3〕 Henry J. Brown and Arthur L. Marriott，ADR Principles and Practice，Sweet & Maxwell，1999，p. 4.

府协调予以解决；政府与污染企业之间的纠纷根据具体情形可以适用磋商或者诉讼的方式予以解决；政府与社会公众之间的纠纷则多以对话、沟通、信访的方式解决。

（4）纠纷解决依据的规则，它包括内在化的制度和外在化的制度。内在化的制度主要是从人类经验中演化而来的，包括习惯、习俗、伦理规范等。外在化的制度则表现为成文立法、司法制度等。环境治理中的纠纷涉及环境公共利益和各治理主体的治理权限问题，纠纷解决所依据的规则主要为公法规则、环境政策亦或者由治理主体协商制定的规则。

由于环境治理过程本身就是治理主体合作的过程，而且是环境公共利益形成的长久的、稳定的合作。“合作”体现出自由、平等协商的契约精神，这种精神应当延续到纠纷解决的过程中，如此才有利于缓和治理主体的对抗状态，有利于治理主体保持长期稳定的合作状态，只有当通过对话的方式不能够解决纠纷时，才引入强制力予以解决。环境治理纠纷解决机制应当保障纠纷解决的公正、效率。纠纷解决中实现完全无可争议的利益判定是不可能的，每一纠纷解决制度应给予纠纷主体平等的关注，尽量符合程序正义的要求，唯一确定的是无论纠纷最终如何判定，都不能损害环境公共利益。效率包括时间和成本两个要素，对于生态环境的治理有时效的要求，若超出时效可能造成更高的成本，而且在面对重大或需要紧急处置的情况时，可能还未对纠纷予以解决就必须先予处置。因此，环境治理纠纷解决机制的具体制度、程序应当贯彻“比例原则”。针对纠纷所牵涉的社会资源并结合生态环境和环境治理特征，决定纠纷解决所投入的成本，以提高纠纷解决的效率。

二、生态环境治理纠纷解决机制的主体理论

对主体的讨论必须置于具体的对象关系话语背景下，环境治理主体的多元化及地位的不同使得治理过程中纠纷具有多样化的性质，也形成环境治理纠纷解决机制主体地位、身份的差异。环境治理纠纷解决机制中的主体有纠纷主体和解纷主体，解纷主体既包括纠纷主体，也包括独立于纠纷主体之外的独立的第三方主体。

（一）纠纷主体

治理主体的多元化意味着不同治理主体涉及的权利（力）义务关系不尽相同，各治理主体的功能和作用也各异，在环境治理中的法律地位也千差万别。纠纷主体必须置于具体权利义务关系中才能明确其主体地位。我国当前环境治理主体划分为政府、社会、市场三大主体，具体而言政府包括地方政府、国务院授权的省级、市地级政府，社会主体一般为环境 NGOs，市场主体包括企事业单位和个人（个人也是指市场经营主体）、第三方治理主体等，以上主体均有可能成为治理义务主体。传统的民事、行政法律关系并不能涵盖环境治理过程中产生的所有纠纷，有些则无法通过同一种法律关系确定。为了便于划分和理解，以一般纠纷主体和特殊纠纷主体来划分。

1. 一般纠纷主体

企事业单位和个人与第三方治理主体。第三方治理模式是由独立的第三方也就是专业污染治理企业，通过签订合同或协议承

担应由污染排放者承担的环境污染治理任务，并从中获取治理收益的市场化、社会化治理模式。〔1〕第三方治理主体可以通过政府委托或者污染企业委托的方式参与环境治理的过程。《改革方案》规定，造成生态环境损害的企业在无能力开展修复工作时，可以委托第三方机构进行修复，并向委托的第三方机构支付修复资金。从而，造成生态环境损害的企事业单位和个人与第三方治理机构形成了法律上的民事委托关系。当第三方治理主体未按照协议约定的内容开展环境治理工作时，则容易引发环境治理纠纷。虽然从形式上是民事合同纠纷，但由于造成生态环境损害的企业本身即为环境治理主体，因此第三方治理企业基于委托关系在治理过程中发生纠纷的，也成为环境治理纠纷主体之一。

环境 NGOs 与市场主体。此处将企事业单位和个人、第三方治理主体统称为市场主体，由于企事业单位和个人在作为治理主体时委托第三方治理的情况下，两者承担连带责任。环境 NGOs 是社会主体，由于其被法律规定为环境公益诉讼的起诉主体，所以相对于较为分散的社会公众能够更明确的讨论其纠纷主体的地位。环境 NGOs 作为治理主体，其代表社会公众的利益，当市场主体不能较好的履行其治理义务时，其实质是损害了社会公众整体的利益，此时环境 NGOs 通过法定的权利可以对市场主体的不履行义务的行为进行监督或者提起诉讼，因而成为环境治理纠纷的主体。

政府与市场主体。在市场主体造成生态环境损害需承担生态

---

〔1〕 曹莉萍：《市场主体、绩效分配与环境污染第三方治理方式》，载《改革》2017 年第 10 期。

环境修复或赔偿的治理义务时，根据《改革方案》的规定，国务院授权的省级、市地级政府作为赔偿权利人对市场主体履行治理义务具有请求权，对其履行治理义务的过程具有监督权。由于相关政府在行使相关权利或权力的过程中，一方面基于其与市场主体均为环境治理主体，两者具有平等的地位，在进行磋商的过程中体现为具有民事性质的关系；另一方面，在生态环境修复中政府依据行政管理职权对其履行治理义务的行为进行监督，体现出一定的行政性。因而，政府与造成环境损害的市场主体在关于生态修复、赔偿问题的解决中存在民事性质和行政性质的复合型法律关系，在该类法律关系中政府与市场主体成为纠纷主体。

地方政府间。地方政府基于地方环境治理权对本行政区域范围内的环境污染或生态破坏防治开展治理工作。但环境资源的整体性、部分环境要素的流动性打破了地方环境治理各自为战的局面，尤其是流域性水污染治理和区域性空气污染治理过程中，需要地方政府间通过合作治理方能实现生态环境的防治、赔偿或修复。若地方政府持有“各扫门前雪”的观念，尤其是流域的上游地区或空气污染源地政府不积极参与到环境治理中，则下游或周边的地方会因此而受到环境利益的损害。地方政府会因环境治理的失败而导致环境公共利益的损失而产生纠纷，如此地方政府既是治理主体也是治理纠纷主体。同时，地方政府也基于违反区域合作协议约定的环境治理义务而产生纠纷，成为环境治理纠纷主体。

2. 特殊纠纷主体

检察机关与政府。政府是在环境治理过程中处于主导地位的治理主体，虽然我国环境治理是通过多元主体合作的模式开展的，但是在当前我国环境 NGOs 和市场主体的治理能力有限的情况下，政府行使行政职权开展环境治理工作仍然是最重要的部分。但由于多方面因素影响，有可能是制度原因，有可能是经济GDP的诱惑，也有可能是政府管理的问题，政府在依据其环境行政管理职权进行环境治理的过程中，可能出现违法或失职的行为，或者在依据管理职权监督治理义务主体过程中有失职的行为，根据《改革方案》规定可知政府要对生态修复的效果进行评估，确保生态环境得到及时有效修复，即政府对修复的过程具有监督的义务。当其他治理主体发现政府在环境治理过程中的违法或失职行为时，可以提出建议或进行监督。检察机关基于《宪法》赋予的法律监督权对于政府作为治理义务主体或者对治理义务人履行监督职权的过程中的违法或失职行为可以提起行政公益诉讼，督促政府履行环境治理义务和监督义务。贵州锦屏县检察院诉县环保局怠于履职环境行政公益诉讼一案，即是检察院在先后两次向县环保局发出检察建议后，县环保局既不予以回复，也未履行监管职责，相关企业仍然存在违法生产排污行为，国家和社会公共利益持续处于受侵害的状态。检察院以锦屏县环保局为被告向福泉市法院提起行政公益诉讼。请求确认锦屏县环保局怠于履行职责的行为违法，并请求判令县环保局履行监管职责。

检察机关与市场主体。检察机关并不是环境治理主体，但其根据法定的权力对具有治理义务的市场主体提起环境民事公益诉讼，督促其履行环境治理义务而成为法定的诉讼关系主体。

（二）解纷主体

纠纷当事人。以主体性原则对主体的具体分析的要求出发，对环境治理中的纠纷解纷主体的分析也应当在不同纠纷性质、纠纷关系的前提下，根据解纷主体的特点、功能对应相应的环境治理纠纷类型。从环境治理的纠纷主体划分标准来对环境治理纠纷类型予以划分，可以分为地方政府间治理纠纷，政府与社会公众、环境 NGOs 的治理纠纷，政府与造成生态环境损害企业、第三方治理企业的治理纠纷，社会公众、环境 NGOs 与造成生态环境损害企业的治理纠纷。可见，在以上纠纷解决中，相关纠纷主体同时也是解纷主体。

法院。作为生态环境司法保护的重要力量，是生态环境治理纠纷最主要的解纷主体之一。当前生态环境治理纠纷的司法程序主要包括环境民事公益诉讼、生态环境损害赔偿诉讼、行政公益诉讼等，通过对治理主体之间因生态环境导致的纠纷进行裁判、调解等实现定分止争。

政府。在环境治理纠纷解决中，政府是环境治理中的纠纷当事人，同时也基于纠纷主体的地位成为纠纷解决的主体。这其中逻辑的转变在于环境治理本身就是一个合作治理的过程，需要充分利用治理主体的“合作——竞争”关系，同时，也要尊重治理主体在纠纷的产生后的主体性作用，纠纷当事人通过协商或磋商的方式对彼此多一些理解和尊重。因为，许多纠纷产生本身便是人们对自己、社会、国家理性而负责任行为的结果。纠纷的发生本身就内含着解决它的动力，是纠纷解决的过程中来自于纠纷当事人的主体性中的力量的有效释放。[1] 政府在环境治理纠纷解决中大多是基于其当事人地位而成为纠纷解决主体，而非因其

〔1〕 参见刘文会：《当前纠纷解决理论法哲学基础的反思与超越——在权利与功利之间》，中国政法大学出版社 2013 年版，第 138 页。

作为行政机关的地位而对纠纷进行调解或者裁决。除此之外，《环境保护法》第 20 条规定的共同上级政府对跨区域的环境污染或生态破坏的防治纠纷进行协调解决，共同上级政府成为解纷主体。

三、生态环境治理纠纷解决机制的理论基础

环境治理纠纷解决机制的理论基础是支撑环境治理纠纷解决机制构建的重要理论，相关理论的运用对机制的构建、运行和功能发挥具有重要意义。环境治理纠纷产生的根源在于人与自然相处过程中，人类对自然的尊重的缺失，对人类主观能动性的误解，因而在纠纷解决机制的构建中必须始终秉持正确的生态伦理道德观，形成受生态伦理道德准则规范、调整、控制和评价的有效行动机制。环境治理主体的合作是环境治理的本质特征之一，治理主体作为解纷主体的组成部分，在纠纷解决中仍然应当以合作理念实现纠纷的解决。协商作为实现合作的方式，在纠纷的合意解决中扮演着重要角色，协商通过促进纠纷主体的信息分配并提高对不同纠纷解决手段的相对优点的认识，使得相关主体就纠纷的解决达成合意。协商的过程是处理人类与自然关系时发挥主体性功能的过程，生态伦理道德为协商奠定道德规范基础。系统方法论为多元纠纷解决的构建提供方法论指导，要求各纠纷解决方式之间形成相互依存、相互支撑、相互衔接的系统，从而共同致力于实现环境治理纠纷解决机制全面的、有层次的系统研究。

（一）生态伦理道德观念

生态伦理道德观念是在对绝对人类中心主义观和非人类中心

主义观的反思和批判中孕育发展和形成的。人类中心主义观是在人与自然冲突的文化传统中发展起来的，是工业社会物质增长、科学技术发展和资本主义生产方式确立与人类盲目自信于自身理性力量的化合反应的产物。绝对化的人类中心主义一味强调人的主体性价值而排斥其他价值观念和伦理道德准则，人是关涉伦理道德的唯一主体，完全忽视人之外的生态环境资源与生态环境规律，成为人与自然关系割裂、对立甚至对抗的伦理道德与价值根源。人类中心主义以人的意志为转移，认为人主宰天地万物，生态环境只是服务于人类的利益需求。以经济 GDP 为标志的经济建设对生态环境的无节制的牺牲和破坏亦是人类中心主义的表现之一。针对人生态失衡的现象，恩格斯曾警告人类："我们不要过分陶醉于我们对自然界的胜利，对于每一次这样的胜利，自然界都报复了我们。每一次胜利，起初确实取得了我们预期的结果，但是往后和再往后却发生完全不同的、出乎意料的影响，常常把最初的结果又消除了。"他还指出，要解决人与自然矛盾的途径是从改变现有的生产方式和社会制度入手，要实现人与自然的和谐相处还必须合理解决人与人的关系问题。

当人类在生态环境面前过于肆无忌惮时，也被大自然"回馈"以严峻的环境危机和生存危机。因而，人类中心主义的对立面非人类中心主义出现，并以新的视角重新审视人与自然的关系。该理论对生态环境有了进一步的认识，得出生态环境是一个有机的系统，强调要以生态系统的利益为中心，在处理人与自然的关系上要以自然为本。在对生态环境的内在价值的判断上，不能由人类来决定其是否有价值或者价值的高低。非人类中心主义扭转了人类中心主义对生态环境的蔑视的态度，但是也出现矫枉过正的情形，从而出现了对人类与生态环境关系认识上的片面性和局限性。首先，在人类与生态环境的关系中过于强调生态利益至上，忽视了人的主观能动性。其次，抹杀了建立在人与生态环境关系基础上人与人之间的关系的社会性，忽略了社会中充满不平等的社会因素，不同地区、国家在经济、政治、文化和生态环境本身的差异面前，对生态环境的态度会各不相同。最后，非人类中心主义虽然认识到生态环境的重要性，但是仍然没有提出化解人类与生态环境冲突的理论。我国历史上出现的"天人合一"、"道法自然"的哲学思想，着重于人对于自然规律的顺从和人类意志服从于天的意志，以"无为"的消极态度应对人与生态环境的关系，忽视人对自然化解的科学认识和主观能动。儒家在对人与自然关系中强调的宗法伦理，对人的个性和自由发展予以压制。这些在一定程度上抑制了对人与自然关系的科学、理性的认识以及对解决人与自然冲突的化解。人类中心主义和非人类中心主义的价值观和伦理道德准则都是非科学、非理性的，在此基础上权变而形成的现代生态伦理道德观念兼顾人类与生态环境发展的双重需要，既强调对生态环境系统的尊重，又重视人类社会发展的需要。将人类回归到自然的道德血缘关系中，是社会共同体在人类与生态环境的冲突中变通抉择的智慧结晶，对解决环境危机具有重要意义。[1]

生态伦理道德观念要求人类有责任、有义务尊重和保护自然环境及其所形成的生态系统，以实现人与自然的和谐共存。该观

〔1〕 徐海静:《法学视阈下环境治理模式的创新——以公私合作为目标》，法律出版社 2017 年版，第 145-146 页。

念不仅存在于人与自然的关系中，也存在于当代人与代际人之中。生态伦理道德在人与自然关系的维度中的伦理道德的基本价值主张在于将保护生物物种的多样性、维护生态系统的相对完整、平衡、稳定及其恢复能力作为人类社会的普遍道德责任和义务。在面对工业革命以来的严重的生态环境危机的挑战下，要求人类将伦理道德的原则和规范不仅应用到人与人的社会关系中，而且要运用到人与生态环境的关系中，并以人与自然的和谐发展和共同进化为目标。[1] 伦理道德的本质在于人类的个人及其所组成的社会对于善恶的评判及其对于共同的善的社会追求。生态伦理道德意识的觉醒，要求人类所从事的开发、利用和保护环境与资源的社会行为或社会活动不再被看作是一种人性的行为或自由的活动，而应当是一种受生态伦理道德准则规范、调整、控制和评价的社会行为和活动。[2] 生态伦理道德是生态环境资源保护的社会规范和社会目标制定的正当性、合理性的基本来源和根本依据，是生态实践理性的最核心、最根本的价值内核。生态学家哈丁在《公地的悲剧》一文中指出："一种行为的道德性取决于它发生时的制度系统。"[3] 因此，在制度系统的建立过程中必须首先确立具有符合特定时代背景和需求的伦理道德观念。在解决生态环境问题的过程中，应该具有科学的认识自然发展规律、社会发展规律和人与生态环境系统关系，能够运用于化解当前环

---

〔1〕 柯坚：《环境法的生态实践理性原理》，中国社会科学出版社 2012 年版，第 69-73 页。

〔2〕［美］保罗·沃伦·泰勒：《尊重自然：一种环境伦理学理论》，首都师范大学出版社 2010 年版，第 143 页。

〔3〕 参见 Garrett Hardin，The Tragedy of Commons，Science，1968，p. 1243.

境危机的理性的生态伦理道德。

从人与自然相处的过程来看，体现出两个层面的关系：人与自然的关系和人与人的关系。人与人的关系可以通过社会制度来加以调和，而人与自然的关系仅用社会制度加以调整常常显得力不从心，还需要人从根本上认识到自然的客观规律，并对其保持尊重和敬畏，要认识到人类的利益与生态系统的利益是同一的。因为人类作为整体的自然生态系统的一员，自然生态系统的价值与人类作为其特殊组成部分的价值既彼此对应、彼此分立，又相互依存、相互融合。人类对于环境的治理是一个实现生态系统平衡的过程，但由于每个社会个体对人与自然关系的认识程度不同，基于不同的认识而产生的主观能动性各异。因此，总有人会因为个人利益的短视而无视生态环境的保护，最终导致自然将“报复”反馈给全人类。环境治理过程中的纠纷，正是这些损害生态环境的个体基于主观和客观的原因怠于履行治理的义务而人类和生态系统的整体利益发生冲突的社会现象。所以，在解决环境治理中的纠纷时，对于主观原因致使生态环境损害的，需要纠正其对人类与自然关系的错误认识，以正确的生态伦理道德观念指导和约束其行为。可见，环境治理纠纷解决机制的仅仅通过构建纠纷解决制度还不能够真正的解决纠纷，要实现人与自然的和谐必须从根源上秉持正确的生态伦理道德观念，不仅制度的设计要体现出人与自然同利性，而且要让每一个社会成员都形成对人与自然具有同利性的认识，方能真正的实现环境治理中的纠纷解决。

（二）生态环境合作治理理论

生态环境合作治理理论建立在合作治理理论基础之上。蒂姆·佛西将合作治理理论应用于环境治理，认为“合作型环境治理是融合工业、公民群体或者地方政府的探讨、协约以及一系列的正式以及非正式的管理的治理类型，也可以被广泛认为是在公共与私人部门之间建立的伙伴关系”。[1] 也有学者主张合作治理是“一组相互依存的利益相关者，通常来自于公共的、私人的、非营利部门等多个部门，为了解决一个复杂的、涉及多面的公共难题而协同工作并制定相关政策的过程和制度”。[2] 从社会发展和公共管理制度的变化过程，我们可以看到无论是政府的单一管理还是市场的主导还是政府——市场合作模式，都因自身的局限性而面临环境问题解决失效、失灵的情形。政府作为公共利益的守护者，对于环境治理的职责不可减少，但其不是单一的管理者，市场机制的引进可以充分利用市场中的契约与合同等手段服务于环境问题解决，发挥市场在自然资源配置中的重要作用；仅有政府——市场的闭循环是不足以实现环境治理的，在闭循环里容易滋生政府权力寻租和滥用的情形，或者公共利益被市场中既得利益者瓜分情形，因而必须有生态环境和公共利益的真正所有者——社会公众参与到环境治理中。社会公众不仅要积极践行环境保护的义务，而且要监督政府、市场的环境治理行为。工业社会那种在管理模式不变的情况下通过调整政府与社会自治力量的强弱对比关系的做法，已经不能满足复杂条件下环境治理的需

〔1〕 蒂姆·佛西、谢蕾：《合作型环境治理：一种新模式》，载《国家行政学院学报》2004 年第 3 期。

〔2〕 Taehyon Choi. Information Sharing, Deliberation, and Collective Decision-Making: A Computational Model of Collaborative Governance. Doctoral Dissertation of University of Southern California, 2011 (4).

求，非政府组织不再只是政府对环境管理的补充力量，而是与政府之间是一种平等互动的关系。[1] 因此，为了解决政府、市场在环境管理失灵上的问题，保障社会公众参与环境治理的权利和义务，许多学者运用公共治理的合作治理理论运用于环境问题的解决中。合作治理理论应用于环境领域以来，世界各国都极力在推进环境治理理论和实践的深入，以应对不断恶化的生态环境与经济、社会发展之间的紧张关系。西方发达国家经过数年的探索，历经政府、企业及社会公众等多元主体间的对抗与合作，已经有较为完善环境治理的法律法规体系以及较为高效的环境治理体制，形成了面对环境治理问题的有效应对机制。治理理论可以弥补国家、市场、社会主体在调控和协调过程中的某些不足，但治理并非万能，也有其自身的局限性。Bob Jessop 将治理理论的内在困境概括为四种两难选择：一是合作与竞争的矛盾，二是开放与封闭的矛盾，三是原则性与灵活性的矛盾，四是责任与效率的矛盾。

环境治理过程中同样也面临着治理失灵的情形，同时也存在着因治理主体的行为而引发的环境治理过程中纠纷，虽然该纠纷并不完全来源于环境治理中存在的问题、局限，但不可否认大多数的治理纠纷都源于治理过程中存在的问题。生态环境具有公共利益的属性，从公共利益的原点出发思考环境治理的问题，就会合乎逻辑的得出：政府和一切社会自治性力量在内的公共组织，他们应当开展广泛的合作，形成合作治理的模式。多元治理主体

[1] 参见张康之：《行政伦理的观念与视野》，江苏人民出版社 2018 年版，第 393 页。

的环境治理过程打破了政府对环境治理的垄断，多元共存的社会中运行机制和社会构成方式必然是合作制的，只有在合作的原则下，人们之间的交往行为才不是矛盾和冲突的。即与多元共存的社会相适应的社会治理职能是多元主体的合作治理。〔1〕治理理论的提出为解决政府和市场单一治理失灵的情况提供了一个较好的理论方法，通过多元主体的合作治理的运用充分发挥各治理主体的地位作用。虽然政府、市场、社会之间能够就共同利益达成一致，通过共同合作实现集体行动，但有时也会因利益差异性较大而出现竞争，从而导致无休止的谈判甚至权力冲突。政府权能的行使依据刚性的法律、法规制度，但治理的多元化要求具有弹性的治理模式选择，这在根本上可能导致治理在政府的高权之下无法发挥其机能；同时治理中的民主协调有可能引发效率、成本危机。治理本身具有的自组织性、自生性使得治理要保持参与的开放性，而开放性在某种程度上会引发机会主义者借参与之机损害共同利益，从而引发治理失灵。面对环境合作治理中的治理失灵，环境合作治理需要向环境元治理和善治的方向发展。

元治理可以理解为是对“治理的治理”，即当公共部门内部的大量组织和管理过程已经实现了相当程度的自治时，有必要对治理的各个构成要件施以一定的控制〔2〕。由于治理总是包含着公共组织和公职人员在被控制和自治之间的某种程度的平衡，所以一旦对分权系统进行控制时，这种平衡便会变得显而易见。民

〔1〕 张康之：《行政伦理的观念与视野》，江苏人民出版社 2018 年版，第 394-398 页。

〔2〕 ［英］ Stephen P. Osborne：《新公共治理？——公共治理理论和实践方面的新观点》，包国宪、赵晓军等译，科学出版社 2016 年版，第 34 页。

主国家在不断进行分权化改革的过程中，或多或少都将治理中的官僚属性从公共部门中清理出去，并试图寻找更多方法让市场和社会主体参与到治理过程中来，这类改革更多是从公共部门入手，使其看起来和在实际行为上都更像私人部门，通过市场原则的使用和更多商业化的管理手段使得公共部门面临更多的竞争，这种竞争既可以来自政府外部又可以是政府内部各组成机构或是具体的执行人员。元治理理论并非在任何国家任何阶段都能适用，在大多欠发达国家和过渡性政权中，公民社会发展的欠缺使得社会公众还难以在治理过程中拥有相应的治理能力，还难以承担由传统行政管理中政府行使的部分权力。

善治是国家治理现代化的一种理想状态，是公共利益最大化的最优治理活动和治理过程。对于善治的实现，俞可平指出“没有法治就没有善治”，法治是善治不可或缺的要素，离开法治，善治的其他所有要素就会失去其应有的积极意义。例如，缺乏法治的公众参与可能导致公共秩序的失控，引发社会政治危机，只有通过扩大公民参与的合法渠道，在扩大参与渠道的同时用法律制度规范公民的参与，使其制度化、规范化、程序化，从而实现公众的有序参与。[1] 善治的关键在于全体社会公众共同参与环境治理，即民主治理，民主是依法治国必备的政治基础，要实现有效的公共治理，需要在民主的基础上推行法治，推进法治国家、法治政府、法治社会的建设，化解公共治理中的矛盾，维护全体社会成员的基本权利。在我国依法治国与以德治国从来都是相辅相成的，因为法律是最低限度的道德规则，它对社会生活等

---

〔1〕 参见俞可平：《走向善治》，中国文史出版社 2016 年版，第 83-85 页。

各领域的规范和调整是十分有限的，大量的领域还需要通过道德规则予以调整，因此在法治实现的过程中要充分发挥道德的教化作用，施行礼法合治。善治的主体是人，对于制度规范的制定和执行都需要靠“人”去施行，因而需要具有较好的能力、道德品行和较高的素质方能实现治理之“善”。

（三）协商民主理论

协商作为民主的一种形式已经得到了理论学界的一致认同，但对于协商民主的内涵，西方协商民主理论学家们持有不同的见解。约·埃尔斯特认为协商民主是“通过自由而平等的公民之间的讨论进行决策”，从对协商民主的定义来看，他认为协商是一个讨论的过程，并且需要作出决策，决策是受到讨论的过程的影响。苏珊·斯托克斯从结果的视角对协商作出界定：“由交往所导致的偏好的内在改变”，该定义中认为宣传和理性的争论都应当看做是协商。亚当·普热沃斯基认为，协商是一种讨论形式，旨在改变人们作为行动基础的偏好。奥斯丁·史密斯从过程的特征视角认为协商是“所有人在作出集体决策之前依次发表看法和聆听意见的对话”，如此看来，则协商是决策之前的行为，其隐含着协商通常对决策结果不产生任何影响。乔舒亚·科恩则超越讨论的概念，认为协商是“平等公民之间自由而公开的推理”。〔1〕尹恩·夏皮罗认为协商不是一种单独的活动，是包括两个或更多人的合作活动，合作活动的界定是基于其具有互动性和它是一种

〔1〕参见［美］约·埃尔斯特主编：《协商民主：挑战与反思》，周艳辉译，中央编译出版社2009年版，第10-138页。

共同事业的角度提出的。他认为协商与众不同的关注点在于更多的征求别人的理由，使得集体行动更具有合法性。他提出协商并不一定达成一致，且人民并不会希望解决所有的分歧，因为即使协商达成了一致也不一定就是有益的。协商的另一个角度包含迫切地寻找冲突条件下正确的解决办法的内容，即协商是要找到正确的答案。尽管协商可能对偏好产生改变或疏导作用，但是协商能够提出解决冲突的办法。但在协商过程中追求更高利益时，应当受到权力关系的约束，即政府在管理对更难搞利益的追求时应当还有一个附加的作用——调节作用。基于资源主义的公平观，人民拥有基本的生存和发展的权利，这是作为独立个体得以生存的必须，例如基于赖以生存的自然环境而形成的环境权，这需要通过影响这些权利的决策过程来保护它们，协商过程中，政府可以不提出解决办法，但需要通过加强那些基本权利受到威胁一方的力量而间接的转变这种动机的平衡关系。[1]

在协商民主理论的发展过程中，西方学者关于协商民主理论形成三种派别：自由主义的协商民主论、交往行为理论、合作主义的协商民主论。罗尔斯从社会发展的多元化的角度，以理性多元论为出发点，认为原初状态和无知之幕是自由主义协商民主论的理想背景条件，其中公共理性指导下的重叠共识和理性回避方法是解决冲突和包容差异的主要方法，并提出以理性参与为特征的实质民主观点。哈贝马斯在其交往行为理论中指出语言的重要意义，认为公民通过话语方式参与社会意见和国家意志形成过

---

〔1〕［美］詹姆斯·菲什金、［英］彼得·拉斯莱特主编：《协商民主论争》，张晓敏译，中央编译出版社 2009 年版，第 129-145 页。

程。合作主义是以垄断性的代表特许权对日益分散的社会力量进行组织化整合，就公共政策进行平等、公开、理性的协商。以上三种派别对协商民主的本质进行的不同理论背景下的讨论，随着社会治理的推进也不断的需要新的转向和更深层次的探讨。德雷泽克在《协商治理的基础与前沿》一书中指出，新世纪以来的协商民主理论研究发生了四个方面的转向：一是制度转向，二是系统转向，三是实践转向，四是经验转向。[1] 第三代协商民主主要讨论的是协商民主的制度化建设，通过对协商资源和公共领域的协商民主实践的发掘构建协商民主的制度。许多学者从立法、行政、司法制度方面对协商民主予以阐述，如在以上制度中设立公众参与的制度。同时，曼斯布里奇还提出协商系统的概念，即在不同的协商领域进行相互衔接，并把协商与决策的衔接作为重要的议题。[2]

我国协商民主具有深厚的文化和理论基础，并不断实现更广泛、多层次、制度化的发展。我国协商民主蕴含着天人合一的宇宙观、协和万邦的国际观、和而不同的社会观、人心和善的道德观。协商民主源自中华民族长期形成的天下为公、兼容并蓄、求同存异等优秀政治文化。其广泛性和多层次性表现在，它以经济社会发展重大问题和涉及群众切身利益的实际问题为内容，包括国家层面的协商、各省市区县等区域的协商和基层的协商等。协商民主通过各方的广泛参与共同解决社会生活中存在的问题，协

---

〔1〕 John S. Dryzek, Foundations and frontiers of deliberative governance, Oxford University Press2010, pp. 6-8.

〔2〕 谈火生：《协商民主理论发展的新趋势》，载《科学社会主义》2015 年第 6 期。

商民主可以化解矛盾，凝聚共识，聚力攻坚。[1] 协商民主的制度化转向的核心在于在民主制度的实践中体现协商理念，强调在保证集体决策合法性的过程中自由、平等协商的重要性。人民通过选举、投票行使权利和人民内部各方面在重大决策之前进行充分 协商，尽可能就共同性问题取得一致意见，是中国社会主义民主的两种重要形式。[2] 新时代背景下，它集广泛参与、平等对话、协调协作、民主监督、激发潜能、寻求共识、和谐共赢、科学发展为一体，具有更大的包容空间和有效的行为空间。

（四）行政公产理论

在古代罗马法中就已经存在关于公产和私产的区分，直到19世纪才作为一种学说提出，并逐渐在法国的成文法中出现。在大革命前的旧制时期，与私人的财产不同，国王的财产受到特别的保护，其不能转让和不能作为取得实效的标的。此时，国王的财产并未区分为公产和私产，可以认为国王的全部财产都是公产。到大革命时期，以自由主义和国民主权思想为理论依据，国王的财产成为国民的财产，属于全体国民所有，但范围仅限于不动产和其他物权。拿破仑时期，并未将国有财产区分为公产和私产。到19世纪后期，V. 普鲁东在其著作《公产论》中系统的阐述了公产理论，他认为，在政治共同体的财产中有一些是公共的财产，供一般公众使用。而另一些财产属于共同体所有，这些是

〔1〕 李昌禹等：《协商民主，更广泛更活跃》，载《人民日报》2017年10月21日第10版。

〔2〕《习近平谈治国理政》第二卷，外文出版社2017年版，第293页。

私产，是生产性的可以用于谋取利益的财产。该时期的公产理论认为公产是根据自然性质属于公众使用的财产，不需要行政机关多加干预，政府的作用仅限于保存和维持这种公共财产。20 世纪的公产理论有了很大的发展，此时，人们认为公产的范围不限于自然性质属于公众能够使用的财产，也包括行政主体为了公共利益制定作为共用的财产。行政主体关于公产的管理不限于保存和维修，必须采取更为主动的措施。〔1〕

公产是相对于私产而言，行政公产主要包括公众直接使用的财产（称为“公众共用公产”或“共用公产”）和公务作用的财产（称为“公务用公产”或“公用公产”）。共用公产是指公众直接利用公产本身而言，不是指公众在利用公产时最终目的在利用公产管理机关所提供的服务。公众直接使用的公产除了海洋公产、河流公产、道路公产外，最重要的还有公有土地以其不同的功能分为公有森林、国家公园、自然公园、自然保护区、文化遗产等形态的公产，由于其具有生态性和公益性，受到专门法律的严格保护。公务用公产必须满足该财产的自然状态或经过人为的加工以后的状态必须是专门地或主要地适用于公务所要达到的目的，〔2〕如果不具备这个条件就不是公产。因此，行政主体对公产所有权的行使，只有在供公众使用或公务使用的范围内才存在。由于行政公产负有满足公共利益的使命，法国的法律在公法上给予特别保护，保护的内容包括防止公产的损毁、侵占和丧

〔1〕 王名扬：《王名扬全集：法国行政法》，北京大学出版社 2016 年版，第 235-237 页。

〔2〕 王名扬：《王名扬全集：法国行政法》，北京大学出版社 2016 年版，第 239 页。参见［法］A. 德洛巴德尔：《行政法论》，1980 年法文版第二册，第 131 页。

失。基于产生损害的原因可能是由于管理机关的疏忽，可能是由于第三者的行为，所以行政公产保护制度是同时针对管理机关和第三者双方的。为了保护公产的物质完整和不被损害和侵占，公产保护制度专门设立了公产保护的违警处罚，赋予公产管理机关具有警察权力。警察权力是指行政机关可以为了保护公产制定预防性规则，并在规则违反时，可以惩罚作为制裁。对享有警察权力保护的公产成为道路公产，违反道路规则的处罚称为道路违警处罚，分为两类：次要道路违警罚和重要道路违警罚。次要道路违警罚适用于公共道路保护，重要违警罚适用于海洋、河川公产、陆地公产等除公共道路以外的公产。重要违警罚包括罚款和修复责任，在罚款数额较高时，同时具有惩罚和恢复损害性质。[1]

随着对作为供公众直接使用的生态环境资源公产生态性、公益性特点的认识进一步加深，公产理论在生态环境资源领域的运用得到发展，行政主体与该类公产的关系发生变化——淡化行政主体支配、管理权力的行使，强调行政主体的保护义务。由于环境资源是不属于任何人而是全国人民的共同遗产，是全国人民的共同利益的体现，所以需要将环境资源作为不可分割的有机整体予以保护。“共同利益原则”是确立公民和国家环境保护义务的理论基础，即国家对生态环境资源的保护职责和管理权力都是出于履行环境保护义务，实现共同利益的需求。从法国对公众直接使用的生态环境资源公产的法律规范的发展历程来看，公众对其享有自由、直接、非排他使用的权利，政府负有管理、维护和维

〔1〕 王名扬：《王名扬全集：法国行政法》，北京大学出版社 2016 年版，第 265 页。

持共用秩序的职责和义务。[1] 由此可知，政府对自然环境资源的管理、维护等是基于其对环境保护义务的履行。

（五）系统理论

系统理论最早起源于生物学领域，由于其具有较强的适用性，发展至今已经涵盖并纳入了心理学、组织心理学、社会人类学等学科的重要观点，从而将这些观点广泛运用于系统组织理论和管理理论中，用以处理社会系统、社会经济系统、技术系统的整体行为。系统可能是真实有形的整体或只是个概念，它由能以某种方式组合的组分构成，且拥有某种序度；其中有序性和完整性是系统所具有的最本质的特征。F. E. Kast and J. E. Rosenzweig从系统最重要的完整性和横跨广泛领域科学知识的整合的基础的角度对系统作出如下定义：系统是一个有机的或是复杂的整体，是由事物或组分的组合或联合而形成的复杂的统一的整体。系统可以被设想为由组分构成，这些组分自身具有系统的特性，系统中组分之间相互作用、相互适应，从而达到“共生”。这些组分之间不能孤立存在，它们必须相互依存的，必须相互补充、相互作用、相互合作、相互协调，要在系统整体的背景之下才可被合理的定义、理解，因而，各组分之间是彼此不同的，系统是具有多样性的即子系统的多样性、相互作用的多样性、过程的多样性。有些系统是自组织的，它能够发展自身内部的组织，即过程和结构，而不需要外部的指引、控制和影响，人类活动系统在某

〔1〕 蔡守秋、鲁冰清：《析法国行政法中的公产与公众共用物》，载《宁夏社会科学》2015 年第 6 期。

些情况下也可以是自组织的，如在环境治理过程中由于社会公众的力量较为分散，因而社会公众逐渐自发建立环境 NGOs，编写组织章程规范内部成员的关系，以更加有序、灵活高效、现实可行、适应于环境治理需要的形式开展环境治理活动。

贝塔朗菲提出的开放系统的理论为系统理论的统一作出贡献，他指出开放系统与其环境相互作用，接收物质流入并排放物质流出，能够适应自身环境还可以保持稳定的状态，这种稳定性更多是关于动态平衡而非最小能量的问题。在面对开放的系统时系统论方法为其提供了解和处理系统的途径，它是在考虑整体的前提条件下了解系统组分、组分与环境相互作用并适应环境状况的实践方法，成为解决复杂问题和难题的方式。艾可夫认为有三种方式可以用来处理相关问题：求解、消解和定解，他强调通过综合思维方式来认识和揭示系统。系统思维源自系统论方法，针对现象、事件、状况等着眼于整体，在相应整体背景条件下关注整体的组成部分，是使用系统方法、系统理论和系统工具进行的科学思维。但系统思维常面临抽象、复杂甚至是模糊的情况和问题，为了处理这些问题已经有多种方法被提出和运用，如结合了软系统方法论的示意图方法、因果循环建模等，这些方法都试图抓住相关问题或情况的关键的动态、冲突、协同等，作为理解系统组分和整体行为的基础。

在关于系统与体系的问题上，学界普遍将其并列使用或等同视之，但体系与系统间的关系并不能简单等同看待。体系是由系统组成的，系统是由组元组成的。不是任何系统都是体系，但是只要有两个组元构成且相互之间具有联系就是系统。系统的内涵包括机构、运行、功能、环境，体系的内涵包括目标、能力、标准、服务、数据、信息等。系统最核心的要素是结构，体系最核心的要素是能力。系统的分析从功能开始，体系的分析从目标开始。系统分析的表现形式是多要素分析，体系分析的表现形式是不同角度的视图。对系统发展影响最大的是环境，对体系形成影响最大的是目标要求。系统强调组元的紧密联系，体系强调要素的松散联系。系统由很多的子系统构成，而子系统也应当满足系统的定义，成为一个整体，相互补充相互作用，因而每个系统都是系统的系统，在实践运行的系统中系统的系统常被称之为“体系”。体系内各子系统应当以某种程度相互连接并产生协同作用，从而在某种程度上达到统一和协调。体系要称之为体系就要展示出其中所有系统具有的基本特征，且能够展现出整体涌现的特性、能力和行为，如果仅是将系统族或系统的联合归为体系，则是对体系的误解，也会形成对能力、性能和结果的不合理预期。

	系统	体系
组成	组元	系统
内涵	机构、运行、功能、环境等	目标、能力、标准、服务、数据、信息等
核心要素	结构	能力
分析表现形式	多要素分析	不同角度的视图
主要影响因素	环境	目标要求
特征	组元的紧密联系	要素的松散联系

图 1　系统与体系的关系

根据开放系统的理论可知，生态环境本身就是一个开放的复杂巨系统。生态环境具有整体性，而依据环境要素、地域空间的划分，形成不同的系统组分方式。以环境要素为系统的组分，环境要素之间相互作用，形成物质的流入和排放物质的流出；以地域空间划分的生态环境，则是形成生态环境在地域空间上的流动，当生态环境需要跨地域治理时，就应当在相应整体的背景条件下根据具体的环境问题，以系统性思维认识和解决问题。

如何实现系统性的解决问题是系统方法论研究的核心内容，系统方法论是由方法组成的系统，是调查、了解和处理系统及其问题和难题、行为和背景以及处理、解决这些问题和难题时所使用的方法、规则或假设，具体包括方法、工具、规程、流程、实践等。它包括多向维度，如科学维度、逻辑认识维度、时间维度、文化政治维度、道德和伦理维度、社会维度、组织维度、经济维度、技术维度等，它们共同搭建一个系统本体。系统方法论在本质上是一个解决问题的方法论，能够提供关于解决问题的基本范式、原型和通用方法，以实现复杂问题和难题的完整解决方案。解决方案系统应当在文化上可接受，在不同情况下具有不同价值观的文化可能使得其在解决问题时的最优解来自不同的解决方案系统，因为文化的认同是对问题解决方案的承认和接受的前提，毕竟，最佳解决方案应当是在满足问题空间环境条件和解决方案空间约束条件的基础上最好的方案。系统整体性方法和最优化方法是重要的系统方法。整体性方法的运用从学科视角而言，要突破单一学科对环境治理纠纷的认识视角，整合经济学、社会学、伦理学、工程技术学等多学科的视角进行体系化的研究。系统的最优化方法是在整体性方法基础上形成的，最优化方法是系统方法的目的，系统的实现路径是具有多元化的，但其中必有一个最优的方案使其结构最优化和功能发挥最大化，从而达到运行的最佳效果。系统的最优方法并不排斥其整体性，而是充分注重结构功能的发挥。

系统观念是马克思主义哲学的重要认识论和方法论，是习近平生态文明思想的基本立场和关键方法。2023 年 7 月，习近平总书记在全国生态环境保护大会指出，“要坚持系统观念，抓住主要矛盾和矛盾的主要方面，对突出生态环境问题采取有力措施，同时强化目标协同、多污染物控制协同、部门协同、区域协同、政策协同，不断增强各项工作的系统性、整体性、协同性”。[1]

四、生态环境治理纠纷解决机制的结构体系

系统方法论是解决问题和难题所具体使用的方法、规则，环境治理纠纷解决机制亦是希望寻求对环境治理纠纷问题的解决；环境治理中的纠纷产生受多重维度因素的影响，在解决机制的构建中也应当以系统方法思考多元化的解决方式以适应纠纷解决的需求。从纠纷解决主体的视角而言，要突破国家公权对公益性质的环境治理中的纠纷单一解决，要充分纳入社会主体和市场主体对纠纷的解决，要将政府、社会、市场主体作为纠纷解决主体的部分，重视各部分之间的相互作用、相互协调、相互补充。从纠纷解决的客体视角而言，要注重生态环境本身所具有的整体性，

〔1〕《习近平在全国生态环境保护大会上强调：全面推进美丽中国建设 加快推进人与自然和谐共生的现代化》，载 https://www.gov.cn/yaowen/liebiao/202307/content_6892793.htm，最后访问日期：2024 年 5 月 13 日。

环境治理纠纷解决机制的构建过程中要注重生态环境本身的系统性，从而解纷机制本身就应该体现出系统性，要从科学、逻辑认识、时间、文化政治、道德和伦理、社会、组织、经济、技术等维度制定具体的方法或规则。

在运用系统方法论构建环境治理纠纷解决机制时，要充分重视系统内部和系统与系统之间的关系，即不仅要重视纠纷解决机制系统内部各子系统的整体性、协同性，还要重视纠纷解决机制与生态系统的关系，因为环境治理纠纷解决机制不仅仅是为了解决纠纷本身，更重要的是通过纠纷的解决保障人类与生态系统的整体利益。环境治理纠纷解决机制作为一种社会机制，调整着人与人之间的关系，从根本上来说，最终是在调整人与自然的关系。即环境治理纠纷解决机制在构建过程中不仅要保证其系统内部的有序性和整体性，通过功能互补、衔接有序的纠纷解决制度的构建解决治理纠纷，注重周边环境因素对纠纷解决的重要作用，如有关的经济制度、社会制度等，以保障纠纷的顺利解决；还要关注环境治理纠纷解决机制系统与生态系统之间的连接，要将生态伦理道德观念作为一个重要的连接点，从根源上解决人与自然的冲突，使环境治理纠纷解决机制保障的利益与生态系统的利益具有同一性。生态伦理道德观也应当深入环境治理纠纷解决机制的“骨髓”，始终保持对自然的尊重和敬畏，致力于人与自然的和谐关系。再如，对于客观上履行不能的治理义务主体，如无能力对受损生态环境进行修复或者赔偿的，具体的纠纷解决途径无法解决其无法修复或赔偿事实，最终纠纷无法得到解决，这需要纠纷解决途径以外的制度或方式来保障纠纷的解决，如环境责任保险，对于治理义务主体无能力实现生态修复或赔偿的，可以向保险公司申请赔偿，如此保障了纠纷的解决。因此，环境治理纠纷解决机制应该是一个具有理论理念支撑、具体解纷途径和其他制度保障的体系，且体系内各系统内部和系统间形成相互补充、相互作用、相互合作、相互协调的关系。

本书拟构建的环境治理纠纷解决机制结构体系如下：环境合作治理理论、协商民主理论、行政公产理论、系统理论是构建环境治理纠纷解决机制的理论支撑。从环境伦理的角度看纠纷的产生，从深层次来说这是治理主体在处理与自然关系中对自然不尊重、不敬畏的结果。因此，环境治理纠纷解决机制要受道德准则的规范、调整、控制和评价，要将保护生物物种的多样性、维护生态系统的相对完整、平衡、稳定及其恢复能力作为治理纠纷主体和解纷主体的普遍道德责任和义务。从合作治理的角度看治理纠纷是治理主体在环境治理过程中合作失败的表现，因此，环境治理纠纷解决机制应当注重多元治理主体在纠纷解决中的合作，但仍然不能忽视仍旧存在的“竞争——合作”的紧张关系，不能单纯的为了合作的实现而忽视竞争关系的存在，竞争关系的良性转化反而能够集中纠纷的焦点，更好的促进有效和高效的对话。作是通过平等协商对话的方式进行的，在纠纷解决方式中协商是解决问题的重要方式。协商作为一种独立的环境治理纠纷解决方式，为治理纠纷主体间自主解决纠纷提供途径。成为缓和治理纠纷主体关系，实现环境公共利益维护的重要方式，尤其是在地方政府间的治理纠纷解决上发挥至关重要的作用。环境治理不仅仅是依靠国家权力和法律进行调整或控制，而是通过各种正式和非正式的公共治理和调整机制来实现环境善治。多元纠纷解决的发展与环境治理的过程和需求可谓不谋而合。多元纠纷解决即是在国家权力之外寻求纠纷主体通过协商对话的方式解纷，环境治理纠纷解决机制的构建和完善即是要充分发挥治理主体在纠纷解决中的能动性，在诉讼之外充分保障地方政府、政府其他治理主体通过协商解决纠纷，以降低纠纷解决的成本和风险。政府与市场主体的磋商是国家权力与替代性纠纷解决方式的整合，通过纠纷解决的多元手段解决治理过程的纠纷。多元纠纷解决除了纠纷解决方式的多元化外，还注重在机制构建上注重司法诉讼与非诉讼制度、程序之间的衔接，在环境治理纠纷解决机制的构建中，也应当注重协商、磋商、诉讼制度之间的协调和程序衔接，从而形成功能互补、具有结构层次的纠纷解决途径。

系统不仅在于其自身结构功能的完善、有序，构成具有涌现性的整体，外部环境的作用对系统的构建和有效运行具有重要作用。环境治理纠纷解决机制的研究除了其本身理论和制度之外，还必须对其外部环境中保障其机制顺利运行的因素也纳入系统的思考之中，从系统内外全面的对环境治理纠纷解决机制进行研究。如环境责任保险制度能够降低或者杜绝因治理义务主体不履行义务而导致生态环境持续性的受到损害的风险。通过购买环境强制责任险，一方面相关权利主体可以直接向保险公司请求赔偿，用以对受损生态环境的治理。另一方面，保险公司在投保期内为降低赔偿的风险也会尽量监督被保险人的行为，督促其在生产经营过程中保护生态环境，积极治理。再如社会公众是生态环境、自然资源的享有者，无论是任何的治理纠纷导致的对生态环境的损害，最根本上是损害了社会公众的利益。因而，所有纠纷的解决过程都可以鼓励社会公众积极参与、监督，以保障其合法性和合理性。再者，生态环境损害赔偿资金的管理使用对生态环境损害赔偿制度的实施效果及损害修复程度产生影响，因而规范生态环境损害赔偿资金管理制度是实现生态环境治理和实质上化解生态环境治理纠纷的重要保障性制度。

第三章　生态环境治理纠纷解决机制之协调

跨行政区环境治理是我国环境治理的重要方面，地方政府要对本行政辖区内的环境质量负责，其常常基于地方利益的考量选择“自扫门前雪”，甚至将“雪”堆至其他行政区域内。如此忽视生态环境整体性和区域环境利益一体性的行为常常在地方政府间治理过程中引发纠纷。近年来，地方政府间环境治理纠纷发生的数量和频率渐高，除了地方政府间拒绝进行合作治理之外，纠纷解决机制的匮乏也是其中重要的原因。协调是上级政府解决地方政府间环境治理过程中纠纷的方式，其既能满足地方政府自主解决环境治理纠纷愿望，也能在协商无果的情况下通过上级政府协调来保障纠纷的解决。

一、协调的涵义和特征

本书所指协调是上级政府就发生在不具有隶属关系的地方政府间的环境治理纠纷，对纠纷各方进行劝说、调停，促使其进行协商，自愿达成协议，消除纠纷，或者在无法经协商自愿达成协议的情况下，通过行政裁决的方式消除纠纷的活动。协调不属于传统的纠纷解决方式，其作为环境治理纠纷解决方式的依据来源于《环境保护法》第20条的规定，“……跨行政区域的环境污染和生态破坏的防治，由上级人民政府协调解决……”，具有法定性。

上级政府协调与调解具有较高的相似度，但从主体的中立性和手段的强制性等方面来看，协调与调解和协商明显不同。调解是常见的ADR方式之一，对它的定义，学者有不同的见解。江伟认为，调解是在第三方主持下以国家法律、法规、规章和政策以及社会公德为依据，对纠纷双方进行斡旋、劝说，促使他们互相谅解、进行协商，自愿达成协议，消除纠纷的活动。[1] 范愉教授认为，排除各国在制度上的差异而存在的微小的歧义，从性质和功能的角度定义调解为第三方协助下进行的、当事人自主协商性的纠纷解决活动。[2] 从学者对调解的定义来看，调解是在第三方的协助下自愿协商达成协议的过程，而且调解人在调解过程中没有权力对协商主体施加外部的强制力。因而，调解表现出以下三个明显的特征：①纠纷当事人的自愿协商是前提。②需要中立第三方的协助。③第三方不能对当事人施加外部强制力。调解以中立第三方的介入作为其区别于协商的本质特征，在调解的类型的划分上，根据调解人的身份和性质，可以将调解分为法院调解、行政机关调解、仲裁调解、民间调解、律师调解等。上级政府协调是上级政府介入地方政府的环境治理纠纷解决过程中，上级政府可以主动发起协调要求地方政府开展协商，也可以依据

---

〔1〕 江伟、杨荣新：《人民调解学概论》，法律出版社1990年版，第1页。

〔2〕 范愉：《非诉讼程序（ADR）教程》，中国人民大学出版社2002年版，第150页。

地方政府的需要促成地方政府间的协商，对于地方政府协商不成的可以通过行政裁决的方式予以解决。从调解的特征来看，上级政府协调与调解存在本质上的差异。①调解以当事人的自愿协商为前提，而上级政府协调既可以是当事人自愿协商的情况下介入纠纷的解决，也可以是上级政府要求地方政府开展协商。②调解中第三方具有中立地位，与当事人无利益关系的羁绊。但是，上级政府协调中，上级政府是地方政府的行政主管部门，地方政府的纠纷中涉及的环境公共利益或生态环境的修复等与其也有关联。我国《环境保护法》第 6 条第 2 款规定："地方各级人民政府应当对本行政区域的环境质量负责。"环境治理中的纠纷发生即是已经发生了影响生态环境或者环境公共利益安全的事实，在面对环境质量可能受到或者已经受到影响的情况，因而上级政府要对其行政区内的环境质量负责，发生环境治理中的纠纷的下级地方政府也属于其行政管辖范围内。所以，上级政府在协调过程中并非是完全中立的第三方，而是有利益关联的第三方。③调解中作为调解人的第三方不得对当事人施加外在的强制力。而在上级政府协调中，上级政府不仅可以强制要求地方政府开展协商，而且对于协商不成的可以裁决的方式解决纠纷。④调解根据调解人的身份的划分，无法包括上级政府，其中行政机关的调解并不包括对当事人为地方政府的调解。如此看来，上级政府协调与调解具有本质的差距，是两种不同的纠纷解决方式。

二、协调法律关系中的主体

地方政府作为治理主体在生态环境治理中发挥主导作用，我国当前跨行政区生态环境治理的合作需地方政府协商一致达成合意。当地方政府间因协商不下或合作产生纠纷时，共同的上级政府需承担起协调的重任。

（一）协调法律关系中主体的范围

我国《环境保护法》第 20 条第 2 款规定："前款规定以外的跨行政区域的环境污染和生态破坏的防治，由上级人民政府协调解决，或者由有关地方人民政府协商解决。"地方政府和上级地方政府作为协调法律关系的主体具有法律依据，主体的范围包括上级地方政府和作为纠纷主体的地方政府。

1. 作为纠纷主体的地方政府

地方政府以其环境治理权对本行政区域开展环境治理，并对本行政区环境质量负责。但随着区域一体化过程的推进，环境污染的负外部性使得地方政府在环境治理过程中无法独善其身，其必须以积极的态度参与到环境治理中，成为环境治理主体。对于环境治理过程中纠纷的解决也应当成为其履行环境保护义务和环境监管职责的衍生职责，虽然其可以通过协商的方式自行解决纠纷成为解纷主体，但是在上级政府对跨行政区域环境治理过程中的纠纷进行协调时，其是协调法律关系中的纠纷主体。

2. 作为协调主体的上级地方政府

上级政府作为地方政府间环境治理纠纷的协调主体，一方面是基于行政管辖权，即上级政府与下级政府的领导与被领导的关系、指导与被指导的关系、命令与服从的关系。另一方面是因为上级政府对本行政区域内的环境治理也负有责任，其也是其行政管辖区域的治理主体。因而，在上级政府协调解决纠纷过程中其具有双重身份。根据《环境保护法》第20条第1款的规定可知，上级政府协调的纠纷范围在于因“防治”引发的纠纷。在国家建立的重点区域、流域的地方政府间具有统一的制度予以统一执行，因而发生治理纠纷的可能性较小。而从实践来看，在非国家建立的重点区域、流域的地方政府间环境污染和生态破坏的“防治”的纠纷可谓时常发生。《水法》对治理中纠纷解决的规定是地方政府间协商前置，在协商不成时则直接由“上一级政府”进行裁决。此处上一级政府与《环境保护法》规定的“上级政府”在范围上有区别。“上一级政府”仅限于发生治理纠纷的地方政府的共同上一级政府，而“上级政府”不仅限于共同的上一级。从行政管辖权的角度来看，一般同级地方政府在治理中的纠纷由共同的上一级政府协调，但是也不可否认更高层级的政府对该纠纷进行协调的合理、合法性，并且在地方政府间治理的纠纷中，可能存在纠纷主体并非同级政府的情况，如此看来，规定“上级政府”更具有合理性，上级政府包括了上一级政府。但《水法》中对水事纠纷解决中“上一级政府”的规定，容易在实践中引发对协调范围的不确定。根据《水法》第1条的规定可知，“水事”应当是包括开发、利用、节约和保护水资源，以及防治水害等方面。而水环境治理也包括对水资源的保护、利用等方面。在这些具有交叉的事项上，纠纷产生时是适用上级政府的协调，还是由上一级政府直接裁决，产生了适用范围上的不明确。面对此种情形，可以有两种解决方式：一是通过立法活动，将《水法》中的规定与《环境保护法》保持一致。二是保留以上两种方式，由纠纷主体自行选择纠纷解决方式。

（二）协调法律关系中主体制度的不足与完善

由于上级政府与协调法律关系中的纠纷主体是领导与被领导的关系，在纠纷解决过程中难以认为其是完全中立的第三方主体。为了尽量避免上级政府在协调中出现“马太效应”或者偏袒的情形，成立专门的协调委员会对纠纷进行中立的协调具有重要意义。在政府内设立环境治理纠纷协调委员会是希望通过社会主体、市场主体共同参与到纠纷解决过程，保障上级政府协调的公正、公平性，并提升协调结果对纠纷当事方政府的拘束力，因为此时其治理义务的履行除了受上级政府的监督之外，还会受到其行政管辖范围内市场主体和社会主体的监督。

田纳西河流域作为罗斯福新政的试点，通过设立田纳西河流域管理局来代表联邦政府对田纳西河流域的自然资源进行保护、开发和合理利用，打破地方行政区的地方保护主义。在 1972 年《清洁水法》获国会通过后，田纳西河流域管理局开始对全流域水污染治理。田纳西河流域管理机制的特色是科层制主导，田纳西河流域管理局法案给予管理局进行流域管理的权力和权威，从而实现对流域实施统一管理，促成流域政府间对流域水资源消费的负外部性的合作治理。虽然，管理局以其行政权力对流域进行管理，但是解决问题的主要途径仍然是州政府间的平等协商，并且在一定程度上吸纳公众的积极参与。同时，具有政府权力的机构——地区资源管理理事会对田纳西河流域管理局的管理和提供的咨询性意见，为流域管理局的行政决策起重要的参考和补充的作用。理事会是一个对有效实现州际政府间合作治理水污染的重要机构，其促进地方参与流域管理，在实践中也确实为流域管理局与地方交流协商提供了平台，促进了流域内地区的公众参与。由此看来，理事会在流域内各州政府、联邦政府以及公众之间提供了话语谈判和协商场所，凸显了州际政府间治理协调机制在田纳西水污染纠纷解决中的重要意义。田纳西河流域管理局的做法存在的最大弊端就是它是联邦机构，对联邦与州之间的关系难以调和，因而导致州政府和地方政府的抱怨和批评，虽然州政府积极配合参与，但是最终仍以失败告终。即使失败了，但田纳西河流域的科层制管理下通过州际政府协商解决水污染治理纠纷并可以通过行政决策的方式解决州际政府间的水污染合作治理问题的模式，非常具有借鉴意义。从美国田纳西河流域治理的纠纷协调模式来看，州政府间治理的纠纷解决纳入流域管理机构的统一管理之下，在州政府充分协商解决纠纷之外仍然保留具有政府权力的机构对纠纷解决权力。本书认为可以成立专门的“环境治理纠纷协调委员会”对地方政府间环境治理过程中地方政府间的纠纷予以协调。该纠纷协调委员会可以从国家层面、区域层面、省域内层面予以设置。国家层面设置的纠纷协调委员会是针对跨省域的环境治理的纠纷。区域层面主要是指已经形成了稳定的一体化的区域，如珠三角、长三角、京津冀等，通过制度对相关区域的划定来明确哪些可以成立区域层面协调委员会，这些区域纠纷协调委员会解决本区域内的地方政府间的纠纷。省域内层面的则在省一级和设区的市一级政府都可以成立纠纷协调委员会。

纠纷协调委员会的组成成员应当具有多元化的特点。国家层面除由国务院指派环境相关的部委作为基本成员外，还应当有环境 NGOs 和相关领域的专家。区域层面则由各地方政府指定职能部门作为基本成员，还包括区域内各省市注册登记的环境 NGOs 和相关领域专家。省域层面则由政府职能部门，省域内在市地级以上注册登记的 NGOs 和相关领域的专家组成。对于环境 NGOs 和相关领域的专家应当建立环境 NGOs 和专家名册，类似于仲裁制度中建立的仲裁员的名册。纠纷协调委员会在生态环境部下设立理事会，接收协调申请以及组织协调的开展。对于纠纷协调主体的数量比例问题，根据纠纷涉及的具体领域的不同，职能部门的参与难以受限，只要与纠纷解决具有相关性的都应当参与，符合要求的环境 NGOs 不能少于 1 个，论证专家的数量也难以作具体规定，以 3 个以上为宜，才能充分、全面地对纠纷解决提出建议。

三、协调的程序与效力

协调作为解决地方政府间生态环境纠纷的法定程序，在纠纷解决程序体系中并未给出明确的规定。仅作为行政权力体系中上下级之间的一种层级关系予以处理，仍容易存在以类似“命令”的方式处理或协调之后仍不能达到效果的情形，还需进一步提升协商程序的规范性和效力性。

（一）协调程序及其完善

协调程序是实现环境治理的纠纷解决必不可少的方面，它决定了纠纷怎样解决，是否具有公正性、合法性，也影响政府协调的效力，因此对协调程序的完善是实现地方政府间环境治理纠纷有效解决的重要内容。

1. 协调的启动程序

从相关法律的规定可知，协调由上级政府主持，却未规定是由上级政府启动，还是由地方政府申请。启动主体的不明确直接影响到协调在地方政府间环境治理纠纷解决中的实际效果。从实现环境治理的纠纷解决高效和高质量的理念出发，上级政府协调的启动应当可以包括以下程序：一是由发生环境治理中的纠纷的地方政府一方向上级政府提出申请；二是由发生环境治理中的纠纷的地方政府共同向上级政府提出申请；三是也可以由上级政府向发生环境治理的纠纷的地方政府发起协调建议。

由于地方政府间环境治理中的纠纷常常存在一方受益，一方损益的情形，若规定必须要由双方共同向委员会申请，可能会导致纠纷无法进入协调委员会的“视野”。因而基于对环境污染治理和受损生态环境救济的紧急性，只要有一方提请协调并有足够证据证明的，纠纷协调委员会可以强制启动协调。由于地方政府间环境治理过程中的纠纷不能通过司法诉讼制度予以解决，而通过上级政府协调可能出现协调未果或偏袒或马太效应等情形，因而，基于对环境公共利益、生态环境的保护和环境污染治理的需要，应当赋予纠纷协调委员会一定的强制力。该强制力行使的前提在于至少有一方提请，且有证据证明对本行政区环境造成损害、环境利益受损的情形，或者相关制度规范的出台存在对本行政区环境损害造成巨大风险的。纠纷协调过程中地方政府仍然能够对纠纷进行协商，若协调委员会认为无法通过地方政府间协商解决的，对于纠纷的解决应该做出决定，该决定对双方产生效力。对于产生效力的协调决定应当同时抄送相关地方政府同级的检察机关，对于地方政府应当履职的，督促其依法履职；环境

NGOs 与社会公众监督地方政府依照决定的内容履行。设立该类纠纷协调委员会的设想是基于地方政府间环境治理的纠纷特征而进行的，能够有助于上级政府在协商基础上对治理的纠纷予以解决。

2. 地方政府间协商与上级政府协调的衔接程序

由于地方政府间环境治理中的纠纷涉及区域性的环境公共利益和生态环境保护，纠纷常常是因为一方得利另一方受损，尤其是在流域污染问题上，流域范围内的地方政府都有对流域环境进行治理的义务，通过合作治理的模式是实现区域环境善治的重要途径，但是并非所有的地方政府都会以同样的理念和目的开展合作，毕竟上游的地方政府因其具有地理位置上的优越性，其在环境治理的纠纷解决中具有主导地位，在协商解决治理纠纷的过程中遇到阻碍的因素会更多。对于协商所面对的困境，政府协调中的上级政府协调应当为协商的不畅兜底。《环境保护法》第 20 条的规定以“或”字诠释了地方政府间协商与上级政府协调是两个可以被平行选择的纠纷解决方式，但不是效力相同的纠纷解决方式。亦如一般民事纠纷中的协商与诉讼关系，在纠纷发生后纠纷主体可以平行的选择协商解决或者通过诉讼的方式解决纠纷，当选择协商方式解决无法形成一致后，可以提起诉讼，通过法院判决来实现定争止纷，对于已经通过诉讼程序解决的纠纷，同一主体由以同一事实提出同样诉讼请求的，法院不再受理。虽然协商可以反复多次的进行，直到实现纠纷的解决，但在协商与诉讼程序之间无法反复的适用，诉讼的方式只能就同一个纠纷使用一次。同理，上级政府协调作出的最后结果对各方主体是有强制力的，纠纷主体必须执行，对于已经通过上级政府协调的纠纷不再适用地方政府协商，否则会陷入地方政府协商与上级政府协调的无限循环当中。因此，协商应当在上级政府协调之前或者协调过程中，地方政府协商不一致的，可以向上级政府请求协调，在协调过程中地方政府间的协商仍然在进行，只是在上级政府的主持之下，对于协调之下无法达成合意的，则由上级政府直接作出纠纷解决的结果。若其直接选择上级政府协调，则放弃了通过当事人双方自主协商的方式解决纠纷。

（二）协调的效力层级及拘束力

关于政府协调对地方政府间环境治理纠纷解决的效力问题，主要涉及两个层面：一是地方政府间协商与上级政府协调之间效力层级问题；二是协调的拘束力问题。

从《环境保护法》和《水污染防治法》的规定来看，上级政府协调与有关地方政府间协商解决纠纷的方式是以“并列的”形式被法律规定，在适用上并未规定先后顺位关系，也未规定纠纷解决过程中只能适用其中一种方式。本书认为地方政府间协商与上级政府协调并列的作为纠纷解决方式，并不意味着其效力等级相同，只是在被选择时其是平等的被选择的。地方政府间协商解决纠纷是基于当事人自愿开展平等对话的方式，不受外在强制力的干预，其最终结果可以是以协商失败或者达成一致意见。协调是由与地方政府具有行政隶属关系的上级政府对纠纷主体予以劝说或调停，从而消除纠纷。从上级政府在环境治理纠纷解决中的双重身份来看，其开展对纠纷的协调不仅仅是基于《环境保护法》将其作为法定的主体，还在于其对于行政区内的环境质量负有责任。环境治理过程中的纠纷总是伴随着生态环境损害的发生，纠纷不解决就是放任生态环境的损害，上级政府基于履行环境保护义务和监管职责的角度出发，也必须致力于纠纷的解决。上级政府可以通过对地方政府的协调，在其协商一致的情况下，出具协调协议；对于在一定期限内，地方政府仍然协商不下的，上级政府应当作出具有确定性和强制力的结果。否则，上级政府协调可能会成为地方政府间纠纷搁置的温床，可以永远处于协调和协商不下的状态，且还能将纠纷解决不力的问题归责于上级政府的协调不力。因此，在地方政府间解决环境治理的纠纷时，可以先选择协商解决，当协商未果时则由上级政府协调；或者可以不协商而直接选择上级政府协调，但是选择了由上级政府协调的方式来解决纠纷就意味着对自主协商纠纷解决方式的放弃。如此，才能体现地方政府协调解决环境治理的纠纷的效力层级。

协调作为一种纠纷解决方式，其目的就是通过协调的过程实现纠纷解决的结果。虽然各种纠纷解决方式都可能实现纠纷的解决，但是不同解纷方式在客观上存在约束力的差异，例如，对于和解、调解签订的协议（未经司法确认的），纠纷主体可以在事后反悔不履行，另一方也无法强制要求其履行，经过司法确认的则可以申请法院强制执行。而对于诉讼的裁决，纠纷主体必须执行，否则可能被认定为违法犯罪行为。在由上级政府协调之后可能出现地方政府协商一致达成协议的情形，也可能出现地方政府仍然无法达成一致意见的情形，在该情形下就需要上级政府在解决地方政府间纠纷时要有约束力的形式。上级政府协调通过何种具体方式对纠纷实现解决，才能保障其对纠纷主体的拘束力且又符合现行法律制度，是协调作为一种纠纷解决途径必须解决的问题。我国《水法》第 56 条规定：“不同行政区域之间发生水事纠纷的，应当协商处理；协商不成的，由上一级人民政府裁决，有关各方必须遵照执行……”因此，鉴于我国立法和实践中已经存在的上级政府“裁决”的形式，将“裁决”作为解决地方政府间纠纷的强制力保障，体现出行政司法化在解决地方政府为主体的环境治理中的纠纷方面的延伸，可以保障上级政府协调的拘束力。

四、跨行政区生态环境区域合作协议的协调功能

地方政府间通过缔结区域合作协议对环境治理或者环境治理纠纷解决的约定的方式，在我国已经有广泛的实践基础，并且在促进我国地方政府间加强区域环境治理合作方面起到积极作用。但由于区域合作协议的属性和效力不明确，对环境合作治理以及促进纠纷解决的过程中造成障碍，因此，需要提升区域合作协议的规范化，明确其效力等级，以保障地方政府间环境治理纠纷的解决。

（一）我国区域合作协议在环境治理中的运用

地方政府间的合作是跨行政区环境治理的内在需求，通过协商合作实现区域环境治理中公共利益的最大化。地方政府间跨行政区环境治理的立法合作，实质上是将契约精神遁入地方政府的立法过程中，是环境治理在制度层面的合作。我国东北三省的协作立法，是地方政府在跨行政区环境治理立法方式上的新探索，最为显著的是在程序上有别于地方单一立法形式的立法程序，突出了地方政府间的协商过程，但在最终表现形式上仍然为地方单

一立法形式。东北三省的协作立法通过缔结区域合作协议来约束地方政府间的立法合作，让区域合作协议成为地方政府跨行政区环境治理的重要规范之一，如《泛珠三角区域环境保护合作协议》《泛珠三角区域跨界环境污染纠纷行政处理办法》《泛珠三角区域环境保护合作专项计划》《京津冀水污染突发事件联防联控机制合作协议》及津冀《加强生态环境建设合作框架协议》等。但其主要体现为非立法性质的框架性协议，该类以契约的形式缔结的协议虽然对缔结主体具有约束力，但并非地方立法，因而也非对跨行政区环境治理立法形式有所创新。我国区域合作协议在保障环境治理纠纷解决过程中还存在形式和效力的困境：

1. 区域合作协议的形式困惑

区域合作协议的契约性质，影响其作为跨行政区环境治理的立法形式。我国法律并未确立通过缔结契约的形式进行立法，因而区域合作协议要作为一种跨行政区环境治理立法形式暂不具有合法律性。但区域合作协议在我国跨行政区环境治理实践中具有一定的法律效力，也产生了一定的法律实效。叶必丰认为，区域合作协议的法律效力具有实定法依据，即区域合作协议对参与缔结契约的主体产生法律拘束力的基础，在于地方政府间对诚实信用原则的遵守，而政府诚信或诚信政府是有实定法依据的。政府机关在本辖区内对区域经济一体化和跨区域环境治理的推进具有裁量权，区域合作协议可以被视为政府机关之间通过协同裁量，或通过实施相同裁量基准而作出的约定或承诺。政府机关对公众的诚实信用，也及于政府机关相互之间。[1] 许多区域合作协议

〔1〕 叶必丰：《区域合作协议的法律效力》，载《法学家》2014 年第 6 期。

已经具备了法的拘束力并产生法律实效，但基于合法律性的困境，区域合作协议在形式上不符合《立法法》规定的立法形式要求。

2. 区域合作协议的效力困惑

区域合作协议的缔结主体复杂多元，不能满足跨行政区环境治理立法主体的要求。从法的概念出发，罗豪才认为法的制定主体既可以是国家机关也可以是公法人、社会自治组织或混合组织，[1] 即把软法纳入法的概念范畴。但是在跨行政区环境治理中，环境资源具有特殊性，其要求从全局性、整体性角度出发，通过行使部分环境治理权进行合作治理，因而其规范的制定主体应该是具有地方治理权且能够代表地方利益的权威主体，否则，难以代表该行政区表达环境公共利益需求并与其他行政区达成共同治理意志。从区域合作协议的文本发现，区域合作协议的缔结主体涉及地方政府及其部门与党委机构、社会组织等。对于跨行政区环境治理立法主体而言，地方党委机构不具有地方环境治理立法主体资格，也无环境治理的具体行政职权，不适合作为立法主体；虽然地方政府的部门被授予了开展环境治理的具体行政职权，但其并无立法权限，也不足以能够代表地方整体利益；社会组织等其他主体则无法代表地方意志和利益。

区域合作协议的具体内容有些并不表现为权力（利）义务关系，不能满足跨行政区环境治理立法的实质性要求。区域合作协议不乏表现为意向性或宣誓性的文本，并无具体的权力（利）义务的约定。区域合作协议通过协商一致的形式制定，从形式上

---

〔1〕 罗豪才等：《软法与公共治理》，北京大学出版社 2006 年版，第 6 页。

暂时不能认定为硬法。软法亦法，权利义务同时存在并贯穿于软法规范的始终。[1] 而跨行政区环境治理的区域合作协议并不总体现为具有权力（利）义务内容，不能满足作为跨行政区环境治理立法的实质性要求。

区域合作协议主要通过协商的方式缔结，但协商程序不明确、不规范，不能满足立法的程序性要求。跨行政环境治理区域合作协议主要通过地方政府间的联席会议或者座谈会议开展协商，对于具体的制定程序缺乏统一规定。程序的正当性是保障法的效力的重要前提，无论是硬法还是软法的制定，都应当具有明确的制定程序，区域合作协议要作为跨行政区环境治理的立法形式还缺乏规范性的制定程序。

区域合作协议缺乏明确的法律效力等级规定，若作为跨行政区环境治理的立法形式，势必影响其立法的实施和效力。跨行政区环境治理立法的重要目的之一是协调地方环境治理的法治冲突，故该立法应当具有优先于地方立法中相冲突的部分，若其缺乏优先的效力等级，则立法目的可能难以实现。

区域合作协议在形式上不符合硬法的制定要求，也不具有国家强制力保障实施；仅具有部分软法的特性，但在规范形式、创制目的、规范表述和使用的普遍性等方面与软法存在很多差别。[2] 因而其要成为跨行政区环境治理的立法形式还存在许多法律障碍，在具体内容、制定程序和效力等级方面与跨行政区环境治理立法的

---

〔1〕 徐靖：《软法的道德维度——兼论道德软法化》，载《法律科学（西北政法大学学报）》2011 年第 1 期。

〔2〕 陈光：《区域合作协议：一种新的公法治理规范》，载《哈尔滨工业大学学报（社会科学版）》2017 年第 2 期。

要求还存在差距，需要从理论和立法层面加以解决。[1]

（二）跨行政区域协调治理立法的域外考察

域外一些国家在区域经济一体化和环境合作治理过程中，逐渐探索出跨行政区协同 治理立法的有效形式，并在跨行政区协同治理中发挥着重要作用。虽然这些国家的国家结构形式和立法体制与我国不同，但在我国现有立法体制和立法实践中仍然具备借鉴的空间。笔者选取了美国的州际协定和契约性立法、国际多边条约两种具有不同立法属性和适用不同类型主体的立法形式作为借鉴，以便探索出适用于我国跨行政区协同治理客观实际的立法形式。

1. 美国的州际协定和契约性立法

20 世纪 30 年代以来，依据美国《宪法》协议条款的授权和州际法律制度的完善，美国州政府间大量通过州际协定的方式来实现州际间环境治理的合作，州际协定开始广泛适用于各领域。州际协定具有合同属性，它以要约的形式开始，以成文法的形式出现，或者直接赋予该要约以法的效力，最通行的做法是参与缔约的州把要约的全部内容作为一个法规的一部分或者作为一个附件附在法规后面，并且同时宣布遵守该要约。州际协定是州际间的法律，它的立、改、废必须严格依据立法程序进行，“相当于在缔结州的全部领土或部分领土上制定了统一法 ”。[2] 州际协

---

〔1〕 肖萍、卢群：《跨行政区协同治理“契约性”立法研究——以环境区域合作为视角》，载《江西社会科学》2017 年第 12 期。

〔2〕［美］约瑟夫 · F. 齐默尔曼：《州际合作：协定与行政协议》，王诚译，法律出版社 2013 年版，第 37 页。

定具有准国际条约的效力，可以在不改变各州现有法律的情况下协调各州行动，并直接对参与缔结的各州成员及其所有公民产生法律约束力，即“通过缔结协定而不是建议性或研究性的文本，各州交出了它们的部分主权—— 因为协定和国际条约一样，替代了所有相互冲突的州法律 ”。[1] 如《萨斯圭哈纳流域协议》对流域内参与缔结协定的纽约州、宾夕法尼亚州、马里兰州都具有法律效力，各州不需要根据该协议修改各自的法律，协议直接替代相冲突的法律；州际协定直接对成员州产生法律效力的方式也节省了立法转化的成本。由于州际协定是属于州的法律法规，所以自然也对社会公众产生直接的规制力。契约性立法在美国的流域治理中发挥了重要作用。州政府通过缔结契约对流域性污染共同 治理，该契约具有法的效力，如为消减州际水污染而订立的《新英格兰州际水污染控制契约》《田纳西河流域水污染控制契约》 等。[2]

在区域关系越发紧密的当下，区域间法治协调已成为地方政府共同面临的问题。但立法形式作为一种技术手段，具有可借鉴性。美国的州际协定和契约性立法秉持了契约精神，是契约精神在公法领域的体现；我国在跨行政区协同治理过程中，也存在通过订立行政契约的方式确定合作规则的情形。因而，在适应我国立法体制的前提下，可以借鉴美国州际政府间通过缔结契约的形式实现立法，充分发挥契约在立法领域的作用。

---

〔1〕［美］约瑟夫·F. 齐默尔曼：《州际合作：协定与行政协议》，王诚译，法律出版社 2013 年版，第 37 页。

〔2〕王玉明、刘湘云：《美国环境治理中的政府协作及其借鉴》，载《经济论坛》2010 年第 5 期。

2. 国际多（双）边环境条约的启示

国际条约或者国际法是否是“法”曾一度引发理论争议，但实践中国际社会已经普遍承认其法的地位，迄今为止没有国家声明否定或不遵守国际法，有些国家甚至在宪法中明确规定其签订的国际条约是国内法的一部分。我国对待国际法的态度是“在部门法中明确规定国际条约在我国的效力和适用”或“根据国际条约制定新法规或修改国内法”〔1〕。

目前，在环境治理领域，除了专门缔结的国际多边环境条约外，如《保护臭氧层的维也纳公约》《气候变化框架公约》《京都议定书》等，绝大多数区域贸易协定都包含了环境条款。其有些在主协议中规定，有些以子协议、补充协议等形式出现，如美国、加拿大、墨西哥三国鼎立的北美自由贸易协定，不仅在主协定中有环境条款，而且制定了环境问题子协议，即北美环境合作协议。〔2〕国际条约的缔结方式既有单独的环境公约也有附属形式的子协议、补充协议，为我国跨行政区协同治理立法的具体程序提供了借鉴。

综上，我国区域合作协议与国际环境条约之间最本质的不同在于国际环境条约的缔结主体具有国家主权，美国州际协定的主体具有地方自治权，但这不能从根本上否定我国地方政府间可以拥有合作立法的权力。因而在我国立法体制内，地方政府间合作立法的具体方式、程序以及效力等级划分可以充分借鉴国外的优

〔1〕杨泽伟：《国际法》，高等教育出版社 2007 年版，第 44 页。

〔2〕杨培雷：《区域贸易协定中的多边环境协议所涉问题浅析》，载《中国环境管理干部学院学报》2014 年第 5 期。

秀经验。从域外经验可以较为明显地发现，在解决跨行政区协同治理问题上，许多国家主要是以缔结契约的形式实现跨行政区协同治理立法。除此之外，欧盟及西班牙、法国等国家也采用类似缔结契约的形式实现跨行政区的法治协调。以契约的形式立法在不同类型国家和地区的跨行政区协同治理中已经获得较普遍的认可，这给我国跨行政区协同治理立法形式的适用提供了方向性启示。

（三）政府间区域合作协议的规范化

区域合作协议是我国跨行政区环境治理的重要依据，已经在跨行政区环境治理过程中发挥了重要的规范性作用。但区域合作协议的法律定位问题，容易导致在环境治理过程中纠纷的发生。基于从源头防控的系统思维，需要对地方政府间在环境合作治理过程中缔结的合作协议予以制度完善。

1. 明确跨行政区环境治理区域合作协议的缔结主体范围

从我国已缔结的区域合作协议来看，缔结主体有地方政府，也有政府部门，还有党委机关。缔结主体的多元使得区域合作协议的性质难以确定，从而也影响其效力的确定。具有立法权是制定法具有法律效力的前提，笔者认为跨行政区环境治理的立法主体应当具有地方环境治理权，尤其是省际之间的环境治理合作立法，更应当是具有地方立法权的主体，因而以有环境治理权且互相不为隶属关系的地方政府为缔结主体较为合理，而不能放宽至由社会自治组织或法人来制定。

2. 确定跨行政区环境治理区域合作协议的效力等级

由于法律本身有层次或等级划分，因而其效力也具有层次或等级性，从而构成一个多层次性的结构体系。在法律效力层次结构体系中，各种法律的效力既有层次之分，又有相互联系。[1] 我国地方政府规章的名称一般为“规定”“办法”等，在单一行政区内发生法律效力。跨行政区环境治理区域合作协议体现出地方政府间环境治理的共同意志，也意味着在达成共同的治理意志之时对有冲突的单一意志的暂时性放弃，其必须以不违背法律、行政法规和地方性法规为前提。在与地方政府规章的效力等级的划分时，可借鉴我国对待国内法与国际法的关系的态度或者借鉴美国州际协定与成员州制定法的关系，转化为地方立法的内容或者直接优先于地方政府立法文件，即替代有冲突的地方政府立法规定，实现各行政区法治协调，以保障跨行政区环境治理的立法能够得到有效实施。笔者认为，区域合作协议直接作为跨行政区环境治理的法律依据对参与缔结主体发生法律效力，不必须对地方政府原有立法规范进行立、改、废，能降低转化为地方政府立法的成本，提高其实施效率。

3. 跨行政区环境治理区域合作协议的缔结程序

立法程序的完备是制定法效力的保障。我国地方政府立法主要是指政府规章，法律也只对政府规章的制定程序作出规定。根据《规章制定程序条例》的规定，我国地方政府规章的制定程序一般来说包括立项、起草、审查、决定和公布、解释与备案等。区域合作协议的缔结程序是多行政主体共同参与的过程，协商并达成一致的意见是必不可少的程序，这是与地方政府规章只

---

〔1〕 王春业：《构建区域共同规章：区域行政立法一体化的模式选择》，载《西部法学评论》2009 年第 5 期。

有单一立法主体的程序设置的最大不同。我国现有区域合作协议的缔结大多通过联席会议、座谈会等形式，采用类似于缔结民事合同的协商、商榷的方式，缺乏规范的程序保证，其法律效力因而受到质疑。笔者认为，区域合作协议若要作为跨行政区环境治理的立法形式则仍然应当遵循政府规章制定的一般程序，即各地方政府应当同时立项，通过专门的协商程序共同起草，各地分别进行审查，并通过联合署名的方式向社会统一公布。同时，明确公众参与缔结跨行政区环境治理区域合作协议制度，地方政府可以综合区域合作协议内容的影响范围、参与主体的类型和参与权限，选择一种或几种参与方式，保障参与主体的合法权利。[1]

环境治理具有一定的属地特征，各地合作治理以及制定规范的能力也有差别，因而需要因事因地制宜的采取契合实际的具体程序。从环境治理合作事项是否具有稳定性、紧迫性或渐进性，以及地方政府是否具备相应的制定规范的能力等角度，可以探索两种具体的程序：一是对于环境治理合作事项具有稳定性、需要区域间共同的规范予以规制的，且地方政府具备相应的制定规范的能力的，可借鉴美国州际协定的缔结方式，依据严格的程序制定相对完备的区域间环境治理规范。该程序下需要花费相对较长的时间进行协商，以形成较为完备的规范性文本。二是对于现有环境治理事项需要区域法治协调，但较为紧迫或者一时难以形成完备规范性文本的，可借鉴国际环境条约中主协议附加子协议、补充协议的形式，通过渐进式的方式，先行制定能够暂时适用的

---

〔1〕参见肖萍、卢群：《城市治理过程中公众参与问题研究——以政府特许经营 PPP 项目为对象》，载《南昌大学学报（人文社会科学版）》2016 年第 6 期。

规范，随后逐渐完善。

4. 规范跨行政区环境治理区域合作协议文件名称

法的名称并不仅仅只是一个代号，其名称就限定了它应该规定的内容。[1] 我国有关跨行政区环境治理的区域合作协议的名称类型较多，如“（框架）协议”“建议”“意向书”“意见”“章程”“倡议书”“方案”“会议纪要”“共同宣言”“备忘录”“规划”“制度”“协定”“守则”等。从名称上看，“章程”一般用于指代组织、社团经特定的程序制定的关于组织规程和办事规则的规范性文书，地方政府为立法主体的规范性法文件不适用“章程”命名；“意见、建议、倡议书、会议纪要、备忘录”等，表达一种呼吁或者作为一种记录性材料，并非正式的规范性文件，缺乏基本的约束力。从现有区域合作协议的名称可以看出，其内容的性质纷繁复杂，效力各不相同。跨行政区环境治理区域合作协议应当有其恰当的名称，以体现其内容、方式及效力范围；不恰当的名称反而使得其法律定位、效力等变得模糊，不能较好的实现其目的。鉴于此，区域合作协议应当在名称上注重其标准化和规范化，做到“确切、统一、等级分明，便于学习、掌握、运用，便于汇编、分类统计以及便于检索查阅”，准确、恰当、充分地体现立法的特质和效力，如统一使用“协议”“协定”来命名，既能反映主体间自愿平等的协商、商榷过程，又能体现出对缔约主体的约束力。[2]

---

〔1〕 参见刘瀚：《我国法律形式标准化和规范化之管见》，载《法学研究》1984 年第 6 期。

〔2〕 肖萍、卢群：《跨行政区协同治理“契约性”立法研究——以环境区域合作为视角》，载《江西社会科学》2017 年第 12 期。

（四）跨行政区协同治理“契约性”立法形式的构想

随着我国地方政府在区域共同事务治理方面合作需求的增强，及对协同治理规范性要求的提升，相应地，跨行政区协同治理的立法数量也不断递增。从环境协同治理的视角来看，我国跨行政区环境治理立法是以《环境保护法》为基本法，辅之以相关行政法规、部门规章及地方性法规和地方政府规章。从立法主体角度，主要表现为中央统一立法和地方单一立法两种形式。实践中，现有立法形式不能较好地满足跨行政区协同治理的法治需求，不仅表现在生态环境方面，还表现在经济建设、资源开发等区域性公共事务治理方面。多领域大数量的跨行政区协同治理需求，迫使地方政府需要不断创新立法方式来实现对跨行政区协同治理的规制，如通过缔结区域合作协议的方式开展立法合作和制定共同遵循的制度规范。当前我国关于跨行政区生态环境治理的立法主要呈现为中央统一立法和地方立法的形式。

1. 中央统一立法形式

该形式的立法是国家从全局性、整体性的角度，对跨行政区协同治理的机制、纠纷解决或者具体权力（利）义务的配置等通过统一立法予以规定。如《环境保护法》第 20 条规定：“国家建立跨行政区域的重点区域、流域环境污染和生态破坏联合防治协调机制，实行统一规划、统一标准、统一监测、统一的防治措施。前款规定以外的跨行政区域的环境污染和生态破坏的防治，由上级人民政府协调解决，或者由有关地方人民政府协商解决。”《水污染防治法》第 31 条规定：“跨行政区域的水污染纠纷，由有关地方人民政府协商解决，或者由其共同的上级人民政府协调解决。”亦有国务院以地域和环境元素为对象的跨行政区环境协同治理的专门立法，如《淮河流域水污染防治暂行条例》《太湖流域管理条例》等。

2. 地方单一立法形式

该形式的立法是地方政府根据本行政区治理的需要单一开展立法，由于不必考虑区域环境治理的全局性、整体性问题，故能迅速对本行政区环境治理作出立法决策。如《湖北省水污染防治条例》《恩施土家族苗族自治州酉水河保护条例》《江苏省大气颗粒物污染防治管理办法》《黑龙江省穆棱河和呼兰河流域跨行政区界水环境生态补偿办法》《浙江省跨行政区域河流交接断面水质保护管理考核办法》等。

跨行政区协同治理是以地方政府治理权的自愿合作为基础，合作是跨行政区协同治理的基本方式。立法是治理的制度基础，协同治理需要共同的法律制度基础。中央统一立法形式和地方单一立法形式中缺乏协商一致的契约精神和相关立法程序；而我国当前以缔结契约的形式制定的跨行政区协同治理规范——区域合作协议，顺应了跨行政区协同治理立法的时代需求。地方政府间签订的区域合作协议是区域立法的重要形式，[1] 但其在立法层面上还缺乏相应立法形式的支持。我国跨行政区协同治理法治化水平的切实提升需要立法先行，立法者的意志要表现为法律文件则必须采用一定的立法形式，[2] 立法形式的选择关乎立法主体、

---

〔1〕 参见刘旺洪：《区域立法与区域治理法治化》，法律出版社2016年版。

〔2〕 黎建飞：《论立法形式与立法文字》，载《中南政法学院学报》1991年第3期。

效力的明确以及立法内容的科学性和系统性。笔者受域外以缔结契约的形式进行跨行政区协同治理立法的启发，对我国跨行政区协同治理立法形式现状进行反思，结合我国区域合作协议产生的法律实效和我国跨行政区协同治理立法中的困境，认为我国跨行政区协同治理立法可以借机构建“契约性”立法形式，以更好地契合跨行政区协同治理在合作立法上的需求。本书所指的“契约性”立法形式是指在跨行政区协同治理立法中，地方政府间通过缔结契约制定对各参与主体及行政区内的社会公众发生法律拘束力的规范性法律文件的立法形式。“契约性”突出地方政府间的合作和协商一致，对共同面临的治理问题以缔结契约的形式予以规范。

在我国跨行政区协同治理立法中构建“契约性”立法形式必须解决的重要问题是，“契约”能否成为一种立法形式？莱昂·狄骥曾阐述：“一项法定协议并不是在法律史中出现的一种新现象。当然，它绝对是与帝制主义观念相对立的。如果法律被定义为主权权力所发布的命令，那么它就不可能同时也作为一项协议。”〔1〕由此可知，一项协议作为法律早已不是新的现象，以缔结契约的形式制定的规范亦可作为法律法规。以美国为典型代表，州政府间订立的契约同时可作为州际间的法律，法律关系已经成为契约的对象，契约成为立法形式，当然，这需要一定的政治体制和立法体制作为支撑。我国坚定不移走中国特色社会主义法治道路，民主与法治是我国社会主义政治文明和法治中国建设

〔1〕参见［法］莱昂·狄骥：《公法的变迁·法律与国家》，郑戈、冷静译，辽海出版社、春风文艺出版社 1999 年版。

的目标与基本内容，而跨行政区协同治理立法中地方政府间的立法合作充分体现了民主和法治的基本精神。至少，笔者认为以区域合作协议为代表的“契约性”立法具备了适宜的政治体制前提。虽然我国立法体制中以缔结契约的形式立法并未得到实定法的认可，但实践中通过缔结契约的形式制定的共同规范——区域合作协议，已经在跨行政区协同治理中普遍适用并取得一定法律实效。国际环境条约的缔结，是契约形式于全球环境协同治理立法的重要体现。“契约性”的立法形式在域外许多国家的跨行政区协同治理立法实践中已经得到确认并取得较好的立法效果。如此，在我国跨行政区协同治理立法中构建“契约性”立法形式值得期待。

第四章　生态环境治理纠纷解决机制之磋商

磋商作为诉讼的前置程序，是与诉讼并列的独立的纠纷解决方式，即纠纷能够在磋商程序中得以解决，并不一定进入诉讼程序。通过磋商达成一致的协议与诉讼的判决书一样具有确定的纠纷解决方案，能够实现纠纷解决的功能。由于生态环境损害赔偿制度在我国适用时间较短，磋商作为一种独立的纠纷解决方式，还存在理论和制度上的模糊或缺失，尤其需要进一步明确政府在磋商中的权能属性和赔偿权利范围，以及磋商行为、磋商协议的法律属性与磋商协议的司法确认问题。

一、生态环境损害赔偿磋商的界定

生态环境损害赔偿磋商是赔偿权利人与义务人就生态环境修复或赔偿的问题经协商一致达成赔偿协议的活动，是一种区别于协商的独立纠纷解决方式。磋商是政府与市场主体之间关于生态环境修复或赔偿问题而启动的解纷程序，磋商程序具有政府依职权启动的特点，赔偿义务主体不得拒绝参与磋商程序，但可因磋商不能达成一致而退出磋商程序。

（一）生态环境损害赔偿磋商制度的价值

生态环境损害赔偿磋商制度的产生源于环境治理的现实需求。从世界范围来看，美国是最早开始将磋商作为生态环境损害追究机制的国家，其相关规定主要见于美国的《综合环境反应、补偿与责任法》1986年修正案中。该修正案第122条f款将“和解”规定为生态环境损害责任的履行方式之一，美国国家环保局作为赔偿权利人，如果能与赔偿义务人就生态环境损害赔偿达成和解协议，则美国国家环保局可做出不起诉承诺。[1]

在我国，由于既有的制度设计无法从根本上解决“企业污染，群众受害，政府买单”的困局。为了以某种弹性修复机制，破解当前因为救济路径不畅导致的环境修复者不明而只能由行政机关兜底的困局，并在发挥行政执法的及时性优势的同时弥补其在权利义务分配上公正性的不足，兼顾效益与公平的生态环境损害赔偿磋商制度便应运而生了。我国生态环境损害赔偿磋商制度最早见于《生态环境损害赔偿制度改革方案》，其规定了“主动磋商，司法保障”的工作原则。简言之，在生态环境损害发生后，由赔偿权利人组织开展生态环境损害调查、鉴定评估、修复方案编制等工作，主动与赔偿义务人磋商并达成赔偿协议，磋商未达成一致，赔偿权利人可依法提起诉讼。

生态环境损害赔偿磋商制度具有独特的价值，具体而言，该

---

〔1〕 参见贾峰等编著：《美国超级基金法研究：历史遗留污染问题的美国解决之道》，中国环境出版社2015年版，第74-45页。

制度是社会主义协商民主在生态环境保护领域的具体体现。[1]磋商制度涉及多方利益的权衡，磋商过程以“平等”为前提，以“协商”为方式进行，其表现形式是利益相关主体的意思自治协商。由此可见，生态环境损害赔偿磋商制度契合了矛盾纠纷多元化解的法治建设要求。这种多方主体共同参与的磋商过程可以很好地避免由于诉讼程序成本过高所导致的损失问题，同时可以督促侵权者主动承担修复环境的义务。概言之，与司法救济相比，其不但可以节约诉讼成本，并且还具备时效性，其可以采取“高效”手段及时对生态损害进行治理。

此外，从传统行政监督管理模式转变的角度来看，磋商制度也有其重要的价值。首先，生态损害行政协商制度的引入，为行政机关在传统处罚手段之外提供了一条“公权机关参与协商过程”的独特规范式设计。[2]其次，生态环境损害赔偿行政磋商的出现有助于改善过去那种存在多时的老套、固化生态环境行政监管关系，有助于提高行政相对人对行政事务的参与和关注程度，并最终打造一种新型的行政管理模式，这种行政管理模式也孕育了一种不同于传统行政法理论所划分的抽象、具体行政行为之任意一种的“第三种环境行政行为”。[3]简言之，生态环境损害赔偿磋商制度是一种新型的行政管理模式，其有别于传统

---

〔1〕胡肖华、熊炜：《生态环境损害赔偿磋商的现实困境与制度完善》，载《江西社会科学》2021年第11期。

〔2〕黄锡生、韩英夫：《生态损害赔偿磋商制度的解释论分析》，载《政法论丛》2017年第1期。

〔3〕李一丁：《生态环境损害赔偿行政磋商：性质考辩、意蕴功能解读与规则改进》，载《河北法学》2020年第7期。

的、过分强调效率而忽视义务人权利保障的行政监督管理模式。

总而言之，生态环境损害赔偿磋商制度起源于环境治理的现实需要，秉承着“谁损害，谁承担修复责任”的磋商原则，契合了矛盾纠纷多元化解的法治建设要求，是一种新型的兼顾效率与公平的行政管理模式，是社会主义协商民主在生态环境保护领域的具体体现。

（二）磋商在生态环境治理纠纷解决机制中的地位

传统的纠纷解决方式包括协商、调解、诉讼、仲裁等，从表面上看磋商不属于传统的纠纷解决方式范围。生态环境损害赔偿磋商是中央为大力推进生态文明建设、推动国家治理体系和治理能力现代化而提出的具体措施。生态环境损害赔偿磋商是作为赔偿权利人的政府与造成生态环境损害的单位和个人（从实践中的案例来看主要为企业）之间的磋商，是政府与企业环境治理、生态恢复等问题的磋商，该制度赋予政府启动磋商程序的权利，对赔偿义务人进行追责，使其承担损害责任，开展生态环境修复。磋商达成一致后，政府对生态环境修复和损害赔偿的执行和监督负有职责。根据《生态环境损害赔偿管理规定》，磋商是诉讼的前置程序，并且与诉讼一样承担着解决纠纷、实现生态环境修复或对无法修复的损害予以赔偿的功能，磋商达成一致缔结的协议与诉讼的判决结果同样具有纠纷解决的效力，因此，磋商在纠纷解决中的地位、功能、效力与诉讼方式并列，因而其属于纠纷解决方式之一。而且从《生态环境损害赔偿管理规定》对磋商的适用主体和范围规定来看，磋商适用于政府及其指定的部门或机构与市场主体之间，用于生态环境损害的赔偿问题的解决。而解决该问题的终极目标是实现生态环境修复或对无法修复的生态环境予以替代性赔偿，从而实现环境公共利益和生态环境本身的保护。从整个过程来看，政府及其指定的部门或机构与市场主体也属于环境治理主体的范围，对环境公共利益的保护和生态环境的保护是环境治理的重要内容，对于损害赔偿问题的解决，其实质是解决环境治理主体在环境治理过程中发生的纠纷。因此，生态环境损害赔偿磋商本质上是一种独立的纠纷解决方式，是环境治理纠纷解决方式之一。

（三）磋商与协商的区别

磋商作为与协商相区别的独立的纠纷解决方式主要是因为磋商与协商在适用的阶段、主体、程序等方面的显著的不同：

1. 适用阶段的不同

协商是协商民主制度发展的必然结果，协商遍布社会生活的方方面面，人类历史发展过程中协商谈判在民事私益纠纷中作为自力救济的重要形式。随着替代性纠纷解决运动的兴起，协商作为替代诉讼的纠纷解决方式之一被法律予以明确规定。协商是以说服为目的的交流，[1] 是一种双向交流的过程，当事人之间采取信息交换和传递的交互式活动，寻求合作或合理分配缺乏的资源，旨在通过相互说服的交流或对话达到比单独行动更好的效果。[2] 从广义的协商来看，协商既可以单独适用，也同样运用

〔1〕［美］斯蒂芬·B. 戈尔德堡等：《纠纷解决——谈判、调解和其它机制》，蔡彦敏、曾宇、刘晶晶译，中国政法大学出版社 2004 年版，第 19 页。

〔2〕沈恒斌主编：《多元化纠纷解决机制原理与实务》，厦门大学出版社 2005 年版，第 84 页。

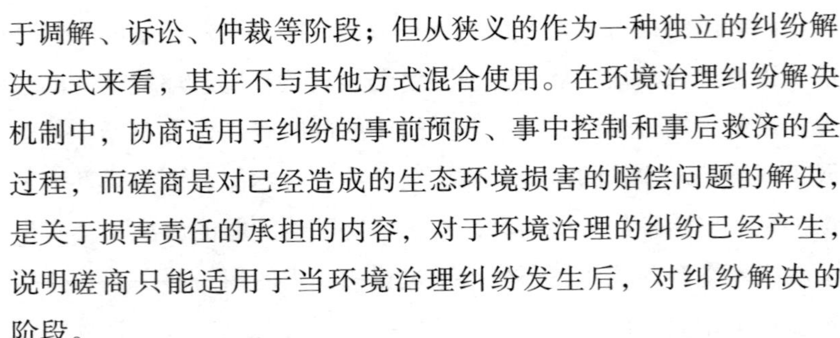

于调解、诉讼、仲裁等阶段；但从狭义的作为一种独立的纠纷解决方式来看，其并不与其他方式混合使用。在环境治理纠纷解决机制中，协商适用于纠纷的事前预防、事中控制和事后救济的全过程，而磋商是对已经造成的生态环境损害的赔偿问题的解决，是关于损害责任的承担的内容，对于环境治理的纠纷已经产生，说明磋商只能适用于当环境治理纠纷发生后，对纠纷解决的阶段。

2. 适用主体的不同

协商与磋商在环境治理中的纠纷主体上适用的差异是区别两者的另一明显特征，协商可以适用于所有环境治理纠纷主体，包括政府间、政府与社会主体、政府与市场主体、社会主体与市场主体等，环境治理主体基于环境合作治理理论，在环境治理过程中处于平等合作的地位，应当进行平等的对话、交流。从 2017 年《改革方案》的规定来看，磋商仅适用于政府与造成生态环境损害的企事业单位和个人之间纠纷的解决。2022 年出台的《生态环境损害赔偿管理规定》中虽进一步扩大了磋商主体的范围，即政府及其指定的部门或机构都可作为磋商主体，然而磋商仍仅适用于政府及其指定的部门或机构与造成生态环境损害的企事业单位和个人之间。换言之，磋商的主体一方固定为政府及其指定的部门或机构，另一方则为造成生态环境损害的企事业单位和个人。

3. 适用的程序不同

协商的程序和形式不具有强制性，从协商的发起和作出决定都建立在当事人自愿的基础上，只要协商各方主体同意，协商可以多次、持续进行。虽然磋商也是政府与相关治理主体的平等对话的过程，但是磋商的启动仍是以政府启动为主，根据《生态环境损害赔偿管理规定》第 19 条规定，在赔偿权利人及其制定的部门或机构形成调查结论后，提出启动磋商程序的意见或者终止磋商程序的意见，赔偿义务人则应当积极参与磋商程序。同时有些地方生态环境损害赔偿相关规定也明确了赔偿义务人启动磋商程序的规定，弥补了管理规定在启动主体的适用上的不明确。《上海市生态环境损害赔偿工作实施细则》第 18 条明确规定了“在案件调查过程中，赔偿义务人主动提议对赔偿相关事项展开磋商的，可以先行启动磋商”，贵州省则在此基础上要求必须邀请检察机关参与。

（三）磋商制度的主要内容

生态环境损害赔偿磋商制度中政府作为赔偿权利人通过磋商程序对受损生态环境的修复或赔偿问题与赔偿义务人进行沟通，以期达成赔偿协议从而实现环境治理纠纷的解决和环境公共利益的维护。

1. 磋商的主体

在《改革方案》中，磋商主体包括赔偿权利人和赔偿义务人，其不仅是纠纷主体，还是解纷主体。国务院授权的省级、市地级政府是其行政区域内生态环境损害赔偿权利人，即政府对其行政管辖区域范围内发生的生态环境损害行使赔偿权利，磋商由作为赔偿权利人的政府参与，政府指定的部门或机构不作为磋商主体，其仅承担损害赔偿的具体工作。政府作为赔偿权利人可以通过平等对话的方式与赔偿义务人开展磋商，因而磋商的另一主体是赔偿义务人，即违反法律法规，造成生态环境损害的单位和个人。认定赔偿义务人的条件是：一是必须经相关程序认定其行为违反法律法规的主体；二是其行为造成了生态环境损害；三是属于要追究生态环境损害赔偿责任的情形，即生态环境损害需要修复或赔偿，以上三个条件必须同时具备才能认定为赔偿义务人。与《改革方案》相比，《关于推进生态环境损害赔偿制度改革若干具体问题的意见》进一步扩大了磋商主体的范围。在该意见的规定中，磋商主体除了赔偿权利人（政府）和赔偿义务人外，赔偿权利人指定的部门或机构也可就修复与赔偿等具体问题与赔偿义务人开展磋商，而非局限于仅承担损害赔偿的具体工作。也就是说，其承认了赔偿权利人指定的部门或机构的磋商主体地位。《生态环境损害赔偿管理规定》则进一步明确了政府指定的部门或机构作为磋商主体的地位。在部分省份，对于在调查阶段先行启动磋商程序的，明确规定检察机关也必须参与到磋商过程中，对于其是作为磋商主体的一员还是仅仅作为法律监督主体参与，不甚明确。

2. 磋商的范围

《改革方案》对磋商的内容作出了规定，即赔偿权利人及其指定的部门或机构以生态环境损害鉴定评估报告为基础，遵循“谁损害、谁承担修复责任”的原则，与赔偿义务人就损害的事实、修复启动时间和期限、赔偿的责任承担方式和期限等问题与赔偿义务人进行磋商。磋商相关问题需统筹考虑修复方案技术的可行性、赔偿义务人能力、第三方治理可行性、成本效益最优化等因素。在《生态环境损害赔偿管理规定》中对磋商的范围基本延续了这一表述。据此可见，磋商的范围被限定为“损害的事实、修复启动时间和期限、赔偿的责任承担方式和期限等问题”。

3. 磋商的程序

磋商程序由磋商主体启动，《生态环境损害赔偿管理规定》规定政府及其指定的部门或机构作为赔偿权利人要主动与赔偿义务人磋商，对于符合方案规定情形的要依法追究生态环境损害赔偿责任，赔偿义务人的生态环境损害赔偿责任是法定责任，意味着在符合条件的情况下政府必须追究生态环境损害责任。磋商是生态环境损害赔偿的前置程序，对磋商不能达成赔偿协议的，政府及其指定的部门或机构应当提起诉讼。

对于磋商的次数和期限，《生态环境损害赔偿管理规定》并未明确，而是从结果的视角规定，尽量避免久磋不决的情况。地方政府在涉及磋商期限和次数上有作出明确规定，如上海市“磋商期限原则上不超过 90 日，……磋商次数原则上不超过三次。”《浙江省生态环境损害赔偿管理办法》也明确了磋商的最大次数为三次，期限为 90 日。《贵州省生态环境损害赔偿案件办理规程（试行）》第 18 条规定，磋商次数原则上不超过三次，但对于磋商的时间限度并未作出规定。《福建省生态环境损害赔偿磋商管理办法（试行）》则规定“磋商次数原则上不超过两次，重大、复杂、疑难事件可以增加一次”。通过对全国 25 个省市有关生态环境损害赔偿磋商程序规定的梳理，发现各地关于生态环境损害赔偿磋商在启动主体、期限、次数及参与主体方面的规定存在差异。

全国二十五个省市生态环境损害赔偿磋商程序规定对比

出台时间	文件名称	磋商启动主体	磋商告知	磋商期限	磋商次数	磋商参与主体
2017	《湖南省生态环境损害赔偿磋商管理办法（试行）》	赔偿权利人	无	无	启动再次磋商的时间一般不超过7个工作日，磋商次数原则上不超过**三次**	无
2018	《江苏省生态环境损害赔偿磋商办法（试行）》	赔偿权利人指定的部门或机构	无	无	再次磋商时间间隔一般不超过10个工作日。磋商次数原则上不超过**三次（从两次修改为三次）**	生态环境损害赔偿磋商小组，由赔偿权利人指定的部门或机构、政府法制部门、鉴定评估机构专家等有关人员组成。**商请同级人民法院、检察院派员参加。**
2018	《河南省生态环境损害赔偿磋商办法（征求意见稿）》	赔偿权利人及其指定的部门或机构	无	磋商应当在2**个月**内结束	磋商不得超过**三次**	生态环境损害赔偿小组由赔偿权利人指定的部门或机构有关人员、生态环境损害鉴定评估专家、律师以及**人民检察院派出人员**等组成。

续表

出台时间	文件名称	磋商启动主体	磋商告知	磋商期限	磋商次数	磋商参与主体
2018	《广西壮族自治区生态环境损害赔偿磋商办法（试行）》	赔偿权利人指定的部门	20个工作日内	无	原则上不能超过**两次**	人员由启动生态环境损害赔偿部门、赔偿义务人或其委托的代理人、受委托的鉴定评估机构等相关人员组成。 可邀请专家和利益相关的公民、法人和其他组织参与，接受社会监督。符合《中华人民共和国环境保护法》第58条规定的社会组织可以申请派员列席磋商会议。 **可商请同级人民法院、检察院和政府法制部门派员参加。**

续表

出台时间	文件名称	磋商启动主体	磋商告知	磋商期限	磋商次数	磋商参与主体
2019	《湖北省生态环境损害赔偿磋商办法（试行）》	赔偿权利人	无	磋商应当在 **2 个月**内结束	两次磋商之间的时间间隔一般不超过 10 个工作日；原则上不超过**两次**；重大、复杂、疑难案件经双方协商一致，**可以增加一次**	生态环境损害赔偿磋商小组，由赔偿权利人指定部门（机构）有关人员、生态环境损害鉴定评估专家、**律师**等人员组成。**同时商请司法行政部门、检察机关派员参加。**
2019	《天津市生态环境损害赔偿磋商办法（试行）》	赔偿权利人及其指定的部门	无	**3 个月以内，**双方仍未达成一致磋商意见的，终止生态环境损害赔偿磋商程序	无	磋商小组由赔偿权利人及其指定的部门、鉴定评估机构专家等有关人员组成。**商请同级人民法院、人民检察院派员参加。**

续表

出台时间	文件名称	磋商启动主体	磋商告知	磋商期限	磋商次数	磋商参与主体
2020	《福建省生态环境损害赔偿磋商管理办法（试行）》	赔偿权利人指定部门	无	无	再次磋商时间间隔一般不超过10个工作日。磋商次数原则上不超过**两次**，重大、复杂、疑难事件**可以增加一次**	小组成员主要包括：对生态环境损害事件负有监管职责的部门、相应领域专家、出具鉴定报告的鉴定机构。
2020	《贵州省生态环境损害赔偿案件办理规程（试行）》	赔偿权利人；调查阶段赔偿义务人主动提议，可以先行启动，并邀请同级检察机关参加	磋商会议举行前5个工作日	无	原则上不超过**两次**；重大、复杂、疑难案件经双方协商一致，**可以增加一次**；再次磋商的时间间隔一般不超过10个工作日	赔偿权利人与赔偿义务人对生态环境损害事实、调查结论和损害鉴定等有争议的，赔偿权利人和赔偿义务人应当委托调解组织召开磋商会议，**并邀请同级检察机关参与磋商**。

续表

出台时间	文件名称	磋商启动主体	磋商告知	磋商期限	磋商次数	磋商参与主体
2020	《广东省生态环境损害赔偿工作办法（试行）》	赔偿权利人	无	无	经**两次**磋商，双方仍未达成磋商协议的，磋商终结	可以邀请生态环境损害鉴定或者评估机构、人民调解组织或有关专家、律师等有关单位和人员参加。
2020	《海南省生态环境损害赔偿启动和磋商工作规则》	赔偿权利人	无	无	原则上不超过**两次**，重大、复杂、疑难案件经双方协商一致，**可以增加一次**；间隔时间一般不超过 10 个工作日	**可商请同级人民法院、检察院派员参加。**并可邀请科研院所、法律专家及与生态环境损害有利害关系的公民、法人和其他组织参与，接受监督。
2020	《青海省生态环境损害赔偿磋商办法》	赔偿权利人指定的部门（机构）	无	无	原则上不超过**两次**，再次磋商时间间隔一般不超过 10 个工作日	可邀请人大代表、政协委员、专家学者和利益相关公民、法人和其他组织参加，接受公众监督。

续表

出台时间	文件名称	磋商启动主体	磋商告知	磋商期限	磋商次数	磋商参与主体
						赔偿权利人指定的部门（机构）可以邀请符合《中华人民共和国环境保护法》规定的社会组织派员列席磋商会议。
2021	《安徽省生态环境损害赔偿实施办法（试行）》	赔偿权利人	无	磋商期限原则上不超过90日；适用简易评估认定程序的案件，磋商期限原则上不超过7个工作日	再次磋商时间间隔原则上**不超过7个工作日**。磋商次数原则上不超过**三次**	可以邀请负有生态环境保护职责的部门或机构、司法行政机关、环保专家、法律专家、律师、公众及社会组织参加； 第三人可以申请参加磋商会议； 符合《中华人民共和国环境保护法》第五十八条规定的社会组织可以申请派员列席磋商会议；

续表

出台时间	文件名称	磋商启动主体	磋商告知	磋商期限	磋商次数	磋商参与主体
						生态环境损害鉴定评估机构应当派员参加磋商会议； **可以商请同级检察机关参与磋商会议。**
2022	《内蒙古自治区生态环境损害赔偿工作规定（试行）》	赔偿权利人	无	原则上不超过90日	再次磋商时间间隔原则上不超过10个工作日；磋商次数原则上不超过**三次**	赔偿权利人指定的部门或机构应当通知生态环境损害鉴定评估机构或者评估专家组派员参加磋商会议。 赔偿权利人指定的部门或机构**可以商请同级检察机关参加磋商会议，为磋商提供法律支持。** 磋商会议可以邀请负有生态环境保护职责的部门或机构、司法行政机

续表

出台时间	文件名称	磋商启动主体	磋商告知	磋商期限	磋商次数	磋商参与主体
						关、相关领域专家、法律专家、律师参加。 与生态环境损害赔偿有利害关系的单位或者个人，可以申请参加磋商会议。 社会组织可以申请派员列席磋商会议。磋商会议可以邀请公众参与
2022	《陕西省生态环境损害赔偿磋商办法》	赔偿权利人或指定的部门、机构	无	原则上不超过 90 日	原则上不超过**三次**	可邀请有关单位、专业技术人员、法律专家、社会组织或社会公众等参加。
2022	《吉林省生态环境损害赔偿制度操作规程（试行）》（征求意见稿）	赔偿权利人及其指定的部门或机构	无	原则上不超过 90 日	原则上不超过**三次**	无

续表

出台时间	文件名称	磋商启动主体	磋商告知	磋商期限	磋商次数	磋商参与主体
2022	《黑龙江省生态环境损害赔偿工作规定》	赔偿权利人及其指定的部门或机构	无	原则上不超过 90 日	原则上不超过**三次**	受邀参与磋商人是从生态环境损害侵权行为地的县级以上人民政府、相关职能部门、生态环境损害鉴定评估机构、高校、科研院所、环境污染防治专家、法律专家、调解组织、依法成立的以保护生态环境为宗旨的社会组织、公众中选择的参与索赔磋商的人。
2022	《江西省关于贯彻落实生态环境损害赔偿管理规定的实施意见》	赔偿权利人及其指定的部门或机构	7 个工作日前	原则上不超过 60 日	原则上不超过**三次**	无

续表

出台时间	文件名称	磋商启动主体	磋商告知	磋商期限	磋商次数	磋商参与主体
2023	《四川省生态环境损害赔偿磋商办法》	赔偿权利人指定的部门或机构	7日前	原则上不超过90日	原则上不超过**两次**，重大、疑难、复杂案件经赔偿权利人指定的部门或机构负责人批准**可以增加一次**	**可视情况商请同级人民检察院派员参加；** 根据需要可邀请有关专业技术人员、法律专家、人大代表、政协委员、社会组织代表或者社会公众等参加磋商。
2023	《甘肃省生态环境损害赔偿工作实施细则》	赔偿权利人及其指定部门或机构；调查阶段赔偿义务人主动提议，可以先行启动	5日前	原则上不超过90日	原则上不超过**三次**	**应当邀请同级人民检察院参加；** 邀请相关部门、专家和利益相关的公民、法人、其他非法人组织参加索赔磋商、索赔诉讼或者生态环境修复。

续表

出台时间	文件名称	磋商启动主体	磋商告知	磋商期限	磋商次数	磋商参与主体
2023	《浙江省生态环境损害赔偿管理办法》	赔偿权利人及其指定的部门或机构	无	原则上不超过90日	**三次**	**可以邀请检察机关参与磋商**
2023	《新疆维吾尔自治区生态环境损害赔偿磋商办法》	赔偿权利人及其指定的部门或机构	7个工作日前	无	再次磋商时间间隔一般**不超过1个月**；磋商不得超过**三次**	可以邀请有关单位、组织或者专家参与。
2023	《辽宁省生态环境损害赔偿磋商办法》	赔偿权利人及其指定的部门或机构	无	原则上不超过90日	原则上不超过**三次**。两次磋商时间间隔一般不超过10个工作日	生态环境损害赔偿磋商小组，由赔偿权利人及其指定的部门或机构、鉴定评估机构等有关人员组成。 生态环境损害赔偿磋商小组在必要时**可以邀请**有关单位、相关领域专家、**检察机关**、与生态环境损害赔偿有利害关系

续表

出台时间	文件名称	磋商启动主体	磋商告知	磋商期限	磋商次数	磋商参与主体
						的单位或个人以及社会组织或社会公众代表等参与磋商。
2024	《上海市生态环境损害赔偿工作实施细则》	赔偿权利人指定部门或机构；调查阶段赔偿义务人主动提议，可以先行启动	提前5个工作日	原则上不超过90日	原则上不超过**三次**	可以结合案件情况邀请鉴定评估机构、专家及案件利益相关方等参与磋商会议。**可以邀请检察机关参与。**
2024	《山东省实施〈生态环境损害赔偿管理规定〉细则》	赔偿权利人及其指定的部门或机构	无	原则上不超过90日	原则上不超过**三次**	可以邀请相关部门、专家和利益相关的公民、法人、其他组织参加磋商、诉讼或者生态环境修复评估，接受公众监督。
2024	《宁夏回族自治区生态环境损害赔偿管理工作规定》	赔偿权利人及其指定的部门或机构	无	原则上不超过90日	经**三次磋商**或超过磋商期限，双方未达成赔偿协议的，可以终止磋商	**可以邀请检察机关参与磋商。**

二、政府作为生态环境损害赔偿磋商主体的正当性基础

生态环境损害赔偿磋商作为环境治理纠纷解决机制的重要组成部分，其正当性的基础在于磋商制度中政府作为赔偿权利人的正当性，即政府作为赔偿权利人与赔偿义务人就环境治理纠纷进行解决的正当性问题。

（一）政府作为磋商主体的理论基础

我国生态环境损害赔偿权利的来源是明确其权利性质的核心，是明确赔偿权利人法律地位基础。关于赔偿权利人索赔权的来源主要为政府管理职权说、自然资源国家所有权说。两者分歧主要体现在对赔偿权利性质的界定上，政府管理职权说认为生态环境利益属于公益，政府是公益的当然代表，应当由政府通过法律赋予的行政职权来实现生态环境损害的防治。而《民法典》物权编规定当自然资源受到损害时国家通过行使所有权来实现损害救济，其中自然资源与环境是一体两面的关系，是自然资源国家所有权说对政府法律地位论证的重要内容。

在磋商制度的构建过程中，政府作为赔偿权利人存在权源不明确、权利性质不清晰，从而导致其法律地位不明确的问题。从《改革方案》《生态环境损害赔偿管理规定》的相关规定来看，对赔偿权利人开展损害赔偿工作的理论基础研究还有待深入。

一是政府管理职权说。持有该观点的学者认为环境权益无论是具体内容还是权利主体都是整体不可分的，这决定了环境利益

的实现方式具有整体不可分性。[1] 生态环境具有公益属性，政府是公共物品的主要供应者和公共利益的代表，是环境保护的直接执行者，其作为生态环境损害赔偿责任追究的第一性主体具有应然性，且其赔偿权利的实现应当主要通过法律对政府权责的规制来实现。[2] 生态环境损害主体作为理性经济人，面对修复受损环境这一非经济性的工程，若缺乏权威性的制度或法律规范予以规制，其主动启动生态环境修复的概率极低。市场在公共物品的供给中常常失灵，尤其在生态环境保护方面，此时需要政府通过环境管理职权的行使，引导造成生态环境损害的主体积极、主动地修复受损生态环境或予以赔偿。

赔偿权利人对磋商程序的启动，受损生态环境的调查、评估，生态环境修复的执行、监督，赔偿资金的管理等，既是赔偿权利的内容又是作为赔偿权利人的政府的责任。政府管理职权说认为政府作为赔偿权利人有权能对生态环境的损害主体予以惩处，也有权威能够督促其承担修复责任。政府代表环境公共利益，对生态环境具有保护的义务，对损害生态环境的行为有追责的权力。通过政府职权的行使来充分、有效保障生态环境修复及赔偿执行到位，督促损害主体积极承担修复责任。但现行环境行政管理由于惩处力度、手段措施等方面的局限，常常在面对生态环境的损害，尤其是对国有自然资源保护上失灵，不足以实现对受损生态环境的修复。

二是自然资源国家所有权说。该观点将自然资源国家所有权

〔1〕 徐祥民、巩固：《环境损害中的损害及其防治研究——兼论环境法的特征》，载《社会科学战线》2007 年第 5 期。

〔2〕 况文婷、梅凤乔：《论责令赔偿生态环境损害》，载《农村经济》2016 年第 5 期。

作为生态环境损害赔偿权源，主要是依据《民法典》第246条规定，由国务院代行自然资源国家所有权。即从现有制度确立政府作为赔偿权利人的视角出发，该理论从自然资源财产属性的角度在私法上确立了政府作为所有权行使者的地位。从属性来看，自然资源除了具有财产属性外，还具有生态性。生态环境损害不仅损害了相关环境、生物要素本身的价值，还损害其构成的生态功能价值，系统功能作为一种无形物，不能被纳入《民法典》的调整范畴，即对于《宪法》第9条规定的属于国家所有的自然资源和其他环境、生物要素构成的生态系统功能难以被纳入所有权的范畴。从概念范畴来看，该理论认为自然资源与环境具有“一体两面”的关系，但自然资源与《改革方案》和《生态环境损害赔偿管理规定》中的生态环境仍是两个差异明显的概念范畴，生态环境包括但不限于国家所有自然资源、环境生物要素及其系统功能，还包括其他非国家所有的自然资源和环境、生物要素及其构成的生态系统功能。虽然《改革方案》和《生态环境损害赔偿管理规定》中规定个人、集体财产损失赔偿不适用该制度，但生态环境系统作为人类共同利益具有整体性特点，所有权的划分并不等于对生态环境系统功能的划分。因此，个人、集体所有的环境、生物要素作为生态环境系统的一部分，在生态系统功能价值受到损害时，如集体所有土地受污染，若以自然资源国家所有权作为损害赔偿的权源将限缩生态环境损害的范围。城乡环境治理的整体性、系统性是环境治理的重要特性，[1] 若从财产属性的角度把属于个人、集体所有的自然

---

〔1〕 卢群、肖萍：《城乡环境综合治理的法律协调机制研究》，载《南昌大学学报（人文社会科学版）》2018年第4期。

资源剥离出生态系统，将人为地割裂生态系统功能，并损害其整体性。从物的范畴来看，大气等无形环境要素并不属于民事法律调整的“物”，所以将民事法律规范中关于所有权的一般理论和规则作为生态环境损害赔偿的依据不全然具有合理性。从主体法律性质来看，生态环境具有公共属性，政府在生态环境保护和管理过程中是公法主体，从《民法典》的规定来看，当政府以机关法人的身份从事民事活动时才具有民事主体资格。生态环境损害赔偿制度中政府作为赔偿权利人并非机关法人身份。从机构设置层面来看，我国机构改革后分别组建生态环境部和自然资源部，即是对生态环境和自然资源在组织机构和职能层面予以区分，自然资源资产属性与生态环境本身不应当被混同视之。

三是行政公产理论。根据该理论，行政公产包括公众直接使用的财产和公务使用的财产。公众直接使用的财产即公用公产是指公众直接利用公产本身而言，不是指公众在利用公产时最终目的是利用公产管理机关所提供的服务。[1] 在我国这类公有公产的设定主要是基于宪法、法律、行政法规等规范性文件，这是通过制定针对不特定多数人，具有普遍约束力的规范性文件，而将某一财产设定为公有公产。如我国《宪法》第 9 条第 1 款规定“矿藏、水流、森林、山岭、草原、荒地、滩涂等自然资源，都属于国家所有，即全民所有”。自然资源全民所有决定了对全民资源的任何管理活动都是公权力活动，自然资源国家所有权本质

〔1〕 王名扬：《王名扬全集：法国行政法》，北京大学出版社 2016 年版，第 239 页。

上为国家的公权力。[1] 所以，从终极根源上看，政府及其公共权力产生于人民的直接或间接授权，这是任何一个民主国家均确定的一项根本的宪法原则，[2] 人民授权是政府公共权力合法性的来源。政府作为公共利益的当然代表，公众的环境利益主要由政府代为行使是现代政治的应有之义，也是政府的当然职责。[3] 生态环境包括自然资源以及自然资源所构成的生态系统，其本身是公共物品，具有公益属性，从宪法精神来看也应当属于全民所有，政府以其公共权力维护公共利益及生态环境本身是其职责所在。因此，基于公产理论，政府对生态环境资源的保护职责和管理权力都是出于履行环境保护义务、实现共同利益的需求。

上述第一、第二两种观点分别从政府行使公权和私权的角度探讨权源的合理性，但两者作为赔偿权利来源具有理论局限。虽然公产制度适用的法律体系与我国法律体系具有区别，但在生态环境损害救济方式上仍具有借鉴价值。公产法属于行政法的范畴，其财产概念与民法上的财产概念不同，德国公产制度在法律适用上，遵从公私法并行的修正私有财产所有权理论。[4] 法国行政公产包括公众直接使用的财产（公用公产）和公务使用的财产。公用公产是公众直接利用公产本身，生态环境资源即是公众直接使用的公产，政府对其保护职责和管理权力源于环境保护

---

〔1〕 王克稳：《论自然资源国家所有权权能》，载《苏州大学学报（哲学社会科学版）》2018 年第 1 期。

〔2〕 赵俊：《环境公共权力论》，法律出版社 2009 年版，第 30 页。

〔3〕 参见徐祥民、巩固：《环境损害中的损害及其防治研究——兼论环境法的特征》，载《社会科学战线》2007 年第 5 期。

〔4〕 张梓太、李晨光：《关于我国生态环境损害赔偿立法的几个问题》，载《南京社会科学》2018 年第 3 期。

的义务和实现共同利益的需求。

生态环境损害赔偿制度的特殊性，使其难以在自然资源国家所有权或政府管理职权理论的基础上独立构建，也使其与传统民事救济和行政管理制度相区别。宪法对履行环境保护义务和实现共同利益的规定，是政府作为赔偿权利人的生态环境保护职责和管理权力的来源。应当把生态环境损害赔偿制度认定为宪法框架统领之下的独立制度，不需纳入民法或行政法某一体系之下，但在实现损害救济的规则、程序上可以借鉴其中相关的制度。欧洲侵权法专家冯·巴尔教授认为，生态环境损害就其性质而言既不是一个纯粹的公法问题，也不是一个纯粹的私法问题，其处于公法和私法的边界之上，针对生态环境损害的救济，应赋予国家一个公法性质上、私法操作上的请求权。[1] 公私完全分立的思维已经不能较好地解释生态环境损害赔偿制度的法律属性问题，需要一个兼顾公法元素和私法元素的新理论作为支撑。兼顾公法与私法多面属性的双阶理论，为解释以私法形式实现公共任务的过程提供了全新的视角，该理论认为不同属性的复数法律关系可能存在于同一个生活事实中，复数行为、请求权及权利义务关系也有可能存在于同一法律关系。[2] 在行政民主化改革正日益引导传统的“管制行政”体制向“混合行政”体制变迁[3]的过程中，私法手段进入公领域，逐渐成为行政主体行使公权力的工具

〔1〕 张梓太、李晨光：《关于我国生态环境损害赔偿立法的几个问题》，载《南京社会科学》2018 年第 3 期。

〔2〕 程明修：《双阶理论之虚拟与实际》，载《东吴大学法律学报》2004 年第 2 期。

〔3〕 陈可：《行政民主化发展的路径选择》，载《中国行政管理》2005 年第 7 期。

依赖，其有助于提升相对人的接受和认可程度，从而更顺畅地实现行政管理的目标。这一改革语境下，磋商程序的运行逻辑体现为具有环境保护行政管理职能的行政机关在确立了维护环境公共利益的目标后，选择借助于实现与该目的相适应的原属私法领域的磋商手段，与相对人在法定范围内进行平等协商。[1] 在磋商程序启动及之前的调查、损害鉴定评估、修复方案制定，磋商后的修复执行、监督等方面体现为行政主体——行政相对人的法律关系。在磋商过程和诉讼中引入民事性质的法律程序，赔偿主体间为相对平等的法律关系，通过私法程序助力公法目标的实现。[2] 即以宪法框架为统领，以双阶结构理论为视角解释生态环境损害赔偿中赔偿权利人基于环境保护的义务，在程序中通过私法程序助力公法目标实现的双重法律地位。

（二）政府作为磋商主体的现实基础

政府作为赔偿权利人开展生态环境损害赔偿工作相较于其他机关或组织作为赔偿权利人具有节约司法资源、优化赔偿程序、提高索赔效率的优势，而生态损害赔偿的实现也依赖于政府的环境管理职权的行使。

1. 政府开展生态环境损害赔偿工作具有便捷、灵活、高效、节约司法资源等优势

在生态环境损害赔偿制度出台前，我国环境损害的救济方式

---

〔1〕 郭海蓝、陈德敏：《生态环境损害赔偿磋商的法律性质思辨及展开》，载《重庆大学学报（社会科学版）》2018 年第 4 期。

〔2〕 刘莉、胡攀：《生态环境损害赔偿磋商制度的双阶构造解释论》，载《甘肃政法学院学报》2019 年第 1 期。

是通过检察机关或符合条件的社会组织对涉及环境公共利益的案件提起环境民事公益诉讼，即通过司法程序提出修复生态环境、赔偿损失、费用等诉求。但无论是检察机关还是社会组织在提起诉讼之前可能需要政府及其相关部门的有效参与，检察机关作为法律监督机关对政府履行职责有监督职能，督促政府部门履行环境保护、管理职责。社会组织在提起环境公益诉讼过程中，可能需要负有环境保护监督管理职责的部门及其他机关，通过提供法律咨询、提交书面意见、协助调查取证等方式支持其依法提起环境民事公益诉讼。根据《检察公益诉讼解释》第 21 条规定："人民检察院在履行职责中发现生态环境和资源保护……领域负有监督管理职责的行政机关违法行使职权或者不作为，致使国家利益或者社会公共利益受到侵害的，应当向行政机关提出检察建议，督促其依法履行职责。"检察机关是在提起环境公益诉讼之前，应当向负有环境监管职责的行政机关提出检察建议，这意味着政府或其相关职能部门依法履职是环境公益诉讼的前置程序。《环境民事公益诉讼解释》第 11 条规定："检察机关、负有环境保护监督管理职责的部门及其他机关、社会组织、企业事业单位依据民事诉讼法第 15 条的规定，可以通过提供法律咨询、提交书面意见、协助调查取证等方式支持社会组织依法提起环境民事公益诉讼。"根据该规定可知，负有环境保护监督管理职责的部门及其他机关支持社会组织提起环境公益诉讼具有合法性，法不禁止即自由，则社会组织也可以请求政府提供法律咨询、提交书面意见、协助调查取证等。

因此，政府作为赔偿权利人开展生态环境损害赔偿工作，既可以充分利用其行政主体地位要求赔偿义务人参与赔偿磋商前置程序，又能以赔偿协议的达成减少通过诉讼程序来实现损害赔偿，节约司法资源。磋商程序中要求政府必须就生态环境损害事实和程度、修复启动时间和期限、赔偿的责任承担方式和期限等具体问题与赔偿义务人进行磋商。磋商过程中政府可以根据生态环境修复的需要和赔偿义务人赔偿能力情况，在不损害公共利益且实现生态环境修复或损害赔偿的前提下，有弹性的、相对灵活的与赔偿义务人达成赔偿协议，这是政府与赔偿义务人通过谈判的方式平和解决环境治理过程中的纠纷的过程，降低了诉讼程序带来的对抗性，有利于缓和主体间的关系，让相关主体共同致力于生态环境治理。政府作为赔偿权利人，通过磋商前置程序与赔偿义务人就生态环境损害赔偿达成协议，将原本相分离的生态环境损害调查、追责、执行监督程序，皆由政府作为主体统一行使权利，有利于提高生态环境修复或损害赔偿的效率。

2. 生态环境损害赔偿的实现依赖于政府环境管理职权的行使

生态环境损害赔偿不只是着眼于金钱的赔偿，而是着重于“偿还”一个损害前的生态环境状态，这个过程是对生态环境修复的过程。但是并非所有受损的生态环境都能得到修复，也并非所有的赔偿义务人都有能力修复受损的生态环境，所以需要通过对环境资源生态功能价值评估，以金钱数额的方式作为生态环境损害赔偿的量化标准，对受损的生态环境进行替代修复或者委托有修复能力的社会第三方修复。对受损的生态环境进行修复是一项非经济性的、公益性质的行为，作为理性经济人的损害者在无权威或无法律规范的约束或驱使之下，难以主动对造成污染的生态环境进行修复。生态环境修复是生态环境保护的一个方面，生态环境保护是公共物品，市场在公共物品的供给中常常失灵，此时需要政府通过环境管理职权的行使为生态环境保护提供公共物品，且通过环境管理职权引导造成环境污染或生态破坏的企业和个人积极主动地参与生态环境修复。

环境管理和保护既是法律赋予政府的公共权力也是政府必须履行的义务，实现受损生态环境的修复是政府环境管理的目标，亦是政府应当履行的职责，因此政府在生态环境损害赔偿中是必不可少的主体。从生态环境损害赔偿的实现过程而言，生态环境损害赔偿的过程是赔偿权利人行使赔偿权利的过程，而对生态环境损害的调查、评估，对生态环境修复的执行、监督，对赔偿资金的管理作为赔偿权利实现的内容却依赖于政府环境管理职权的行使。从生态环境损害赔偿的性质来看，具有环境公益性质和对损害主体具有一定惩罚性。因此，赔偿权利人应当是能够代表环境公共利益的主体，且有对损害生态环境的主体予以惩处的权能，能够督促损害主体承担修复责任的权威。政府是环境公共利益的当然代表，对破坏环境公共利益的行为以及造成的损害有追责的权力，通过政府职权行使而表现出的权威性能够充分、有效的保障生态环境修复和损害赔偿的执行到位，督促造成环境污染和生态破坏的主体积极承担修复责任。

三、生态环境损害赔偿磋商制度之阙如

生态环境损害赔偿磋商制度中政府作为赔偿权利人在纠纷解决的实践中因法律地位的不明确，影响其作为解纷主体参与纠纷解决过程中权利的行使。磋商与相关程序的衔接不畅，将影响环境治理纠纷解决机制的运行效率。磋商行为及磋商协议法律属性

的模糊不清，将影响磋商制度整体的制度构建。磋商协议司法确认规则及磋商程序相关规则的不完善，将制约磋商制度发挥其应有的制度效能。

（一）政府作为赔偿权利人的法律地位不明确

对于磋商程序有学者认为是政府与赔偿义务人之间开展的行政磋商，[1] 也有学者认为磋商采取平等协商方式，行政机关不是以管理者身份出现，而是与赔偿义务人居于平等的法律地位，权利处分的合意性使磋商程序具有了私法属性，排除了行政强制性。[2] 也有学者认为磋商体现为一种具有民事调解性质的平等主体之间就民事权益进行讨价还价的司法过程。[3] 政府作为赔偿权利人开展磋商依照民事诉讼法的规则，即赋予其民事主体的权利，但从执行和监督、资金管理等方面的规定来看，国务院授权的省级政府、市地级政府及其指定的相关部门或机构，开展损害赔偿工作依赖于行政管理职权，这导致在磋商实践中环保部门行政管理身份与民事求偿身份混同的问题[4]逐渐凸显，从而影响政府作为赔偿权利人时生态环境损害赔偿权的行使。究其根本在于政府作为生态环境损害赔偿权利人的法律地位不明确，主要

[1] 参见李一丁：《生态环境损害赔偿制度改革：现状、问题与立法建议》，载《宁夏社会科学》2018 年第 4 期。

[2] 武建华：《从五个方面完善生态环境损害赔偿磋商机制》，载《人民法院报》2018 年 9 月 12 日第 8 版。

[3] 王腾：《我国生态环境损害赔偿磋商制度的功能、问题与对策》，载《环境保护》2018 年第 13 期。

[4] 参见程雨燕：《美国生态损害赔偿：磋商和解是核心》，载《环境经济》2017 年第 3 期。

体现在启动磋商的权利和磋商达成的赔偿协议的属性方面。

1. 政府启动磋商的权利属性及其处分权

政府启动磋商程序的“权利”究竟是来源于民事权利，还是基于环境管理职责，将决定在有生态环境损害案件发生时磋商程序是否必须或必然被启动。在生态环境损害赔偿中磋商程序是诉讼的前置程序，若政府启动磋商程序的“权利”类似于民事诉讼主体自主处分的权利，那么政府就能够自主的决定是否启动程序行使赔偿权利，即基于民事诉讼中的“不告不理”原则，民事诉讼主体有自主选择提起诉讼或不提起诉讼的处分权利。如此，政府可以积极地行使损害赔偿权利，也可以基于企业经济效益对地方经济的推动而选择不行使其损害赔偿权利。但从生态环境损害担责原则来看，该制度设计的初衷就在于“由违反法律法规规定的生态环境损害赔偿义务人承担损害责任”，倘若启动磋商程序的“权利”为一种可自主处分的权利，生态环境损害担责的原则难以得到实现，与生态环境损害赔偿制度的初衷相违背。若该“权利”的行使是基于环境管理职责，则应该体现为一种权力。但该权力与政府的行政处罚、行政强制等权力有区别，当生态环境损害赔偿的目的由其他途径得以实现，则该权力并不必然行使，即磋商程序并不必然启动。

从 2017 年《改革方案》对赔偿义务人的界定来看，“违反法律法规，造成生态环境损害的单位或个人”应当承担生态环境损害责任，是否意味着只要存在这样的主体就应当启动索赔程序不得而知。《生态环境损害赔偿管理规定》将赔偿义务人界定为“违反国家规定，造成生态环境损害的单位或者个人”，相较于《改革方案》其主要变化在于将“违反法律法规”修改为“违反国家规定”，扩大了赔偿义务的范畴。然而，这一修改并未在根本上解决一个难题，“违反国家规定”与“造成生态环境损害”是并列条件，但实践中确实存在并未“违反法律法规”但造成生态环境损害的情形，政府能否基于损害赔偿权利对该情形予以追责不明确。除了政府作为赔偿权利人主体启动损害赔偿程序外，还存在公民、法人和其他组织举报要求提起生态环境损害赔偿的情形。《生态环境损害赔偿管理规定》第 12 条明确规定“对公民、法人和其他组织举报要求提起生态环境损害赔偿的，赔偿权利人及其指定的部门或机构应当及时研究处理和答复”，如此意味着对于公民、法人和其他组织举报的事件是否提起生态环境损害赔偿，政府具有处分权，对于损害赔偿适用范围之外的事件可以自主决定是否提起损害赔偿，但由于损害索赔启动条件的不明确，导致以上处分权的范围被放大。

2. 赔偿协议的属性及政府的处分权

《改革方案》规定“对经磋商达成的赔偿协议，可以依照民事诉讼法向人民法院申请司法确认”。这其中包括民事合同规则和民事诉讼规则，因而政府享有民事合同和民事诉讼中规定的民事权利。从达成赔偿协议所适用的程序属性来看，赔偿权利人与赔偿义务人之间似乎构成受民事法律规范调整的民事法律关系。但是，生态环境本身所具有的公益属性限制了相关主体以私法合意对其予以处分。磋商的内容包括损害事实和程度、修复启动时间和期限、赔偿的责任承担方式和期限等，在此过程中统筹考虑修复方案技术可行性、成本效益最优化、赔偿义务人赔偿能力、第三方治理可行性等情况，内容涉及生态环境修复和损害赔偿目的实现的方式、手段、期限等，与生态环境公共利益的保障密切相关。若赔偿协议为平等民事主体间达成的民事协议，由于其涉及对环境公共利益的处分而存在合法性问题。《改革方案》规定磋商达成的赔偿协议的司法确认适用民事诉讼程序，民事诉讼程序是涉及平等的民事主体之间的人身、财产关系的程序，而生态环境本身是公共物品，生态环境损害赔偿并不属于平等民事主体之间的财产纠纷。如此，生态环境损害赔偿磋商制度的规定并未明确赔偿协议的属性，对政府在赔偿协议的后续履行或救济中权利的行使造成影响。针对上述问题，《生态环境损害赔偿管理规定》删除了“依照民事诉讼法”的限定，其具体表述为“赔偿权利人及其指定的部门或机构和赔偿义务人，可以就赔偿协议向有管辖权的人民法院申请司法确认”，这无疑是对生态环境本身所具有的公益属性的一种回应，暗含磋商协议司法确认的全过程并非必须完全以私法属性的协议来界定。可以根据生态环境公共利益保障的特殊性，对赔偿协议的司法确认过程在程序上变通进行。如此这般，既增强了司法实践中的可操作性，也为理论上的探讨留存了空间。

对赔偿协议是否申请司法确认、是否申请强制执行的问题给予政府以自行处分的空间，即达成一致的赔偿协议可以不申请司法确认，即使申请了司法确认也可以不向人民法院申请强制执行。但在这就存在当赔偿义务人出现违反协议的情形时，对于不申请司法确认的或者不向人民法院申请强制执行的，政府如何行使其权利处理？是否可以放弃救济权？对于尚未完全履行赔偿协议时已经实现了生态环境修复目标的，政府是否有权终止赔偿协议的履行？以上关于赔偿协议的处分权的内容在《改革方案》和《生态环境损害赔偿管理规定》中尚未涉及。

依据赔偿权利启动磋商程序是政府实现生态环境修复或损害赔偿目的的必经程序，磋商一致达成赔偿协议是实现生态环境修复或损害赔偿目的的重要保障。政府启动磋商程序的权利属性及其达成的赔偿协议的属性难以确定，也将影响生态环境修复和损害赔偿能否实现及其适用何种实现方式。因此，明确政府在磋商中的法律地位极为重要。

（二）磋商启动程序规则尚不统一

磋商制度的构建应当是一个整体，除了上述规则之外，目前，还有些与制度运行密切相关规则缺乏明确的规定，这将影响磋商制度整体效能的充分发挥。具体而言，主要存在四个方面的困境。

就磋商程序的启动规则而言，赔偿义务人可否启动以及何时可以启动磋商程序不明确。根据《生态环境损害赔偿管理规定》可知，“主动磋商”是生态环境损害赔偿工作的原则，一般情况下由赔偿权利人形成调查结论后主动提出磋商意见。但是不能因为赔偿权利人基于公权因素具有一定的主动性，就片面地、固化地认为赔偿权利人对磋商制度的运行具有绝对话语权，进而否认赔偿义务人享有主动启动磋商的权利。特别是在协商谈判阶段，赔偿权利人与赔偿义务人法律地位平等。这应当包括赔偿权利人和义务人的主动磋商。我国部分地方出台的有关生态环境损害赔偿的具体规则增加了在调查阶段的由赔偿义务人主动提出磋商而先行磋商的规定，对于该规定是否还需待调查结果出来后最终确定赔偿协议方案暂不明确，但该规定一定程度上给予赔偿义务人启动磋商程序的空间。

（三）磋商与环境公益诉讼衔接程序尚不清晰

磋商程序启动的主体是赔偿权利人及其指定的部门或机构，而诉讼程序的启动主体除了磋商程序启动主体外还包括法定的机关和符合条件的社会组织。因此，生态环境损害赔偿磋商的程序衔接主要是指与检察机关和符合条件的环境 NGOs 提起的生态环境损害赔偿诉讼和环境民事公益诉讼的衔接，对于政府与赔偿义务人磋商未达成一致而应当及时提起的生态环境损害赔偿诉讼，其不存在顺位的问题，只是还需要对“及时”设立一个期限。在衔接的过程中存在以下问题：

（1）法定机关与社会组织在磋商尚未开启前就提起诉讼，因为其不是赔偿权利人，可能不受磋商前置规定的束缚。检察机关和符合条件的 NGOs 依据民事诉讼法而获得独立的公益诉讼权，对符合条件起诉的案件可以直接提起诉讼。生态环境损害赔偿磋商的前置只是相对于政府提起的生态环境损害赔偿诉讼而言，并非对所有相关公益诉讼都前置，所以磋商与环境民事公益诉讼及检察机关和符合条件的环境 NGOs 提起的生态环境损害赔偿诉讼存在先后顺位不明确的问题，导致衔接不畅。

（2）对于“磋商未达成一致”情形下，赔偿权利人及其指定的部门或机构“应当”及时提起诉讼，而在还在“及时”的时间范畴内，法定机关与符合条件的社会组织提起诉讼的。其中，检察机关为法定机关，其主要是行使法律监督职能，一般会督促相关主体先行提起诉讼。但社会组织有独立的公益诉权，其可以不受有关程序设计的束缚，直接提起诉讼，这使得磋商与环境公益诉讼的衔接不明确。

四、生态环境损害赔偿磋商制度的再思考

明确政府作为赔偿权利人具有双重法律地位，对政府通过磋商程序解决环境治理过程中的纠纷具有重要意义。磋商与环境公益诉讼的有序衔接是纠纷得以系统性解决的重要内容。磋商行为与磋商协议法律属性的明确是磋商相关制度构建的重要前提。磋商协议司法确认规则及磋商程序其他相关规则的完善是充分发挥磋商制度效能的重要举措。

（一）政府作为赔偿权利人具有双重地位

欧洲侵权法专家冯·巴尔教授指出，生态环境损害就其性质而言既不是一个纯粹公法的问题，同时也非一个纯粹的私法的问题，其处于公法和私法的边界之上，针对生态环境损害的救济，应赋予国家一个公法性质上、私法操作上的请求权。[1] 从生态环境损害赔偿磋商从实体请求权来看，政府赔偿权利的行使是基于环境公权力；从程序请求权来看，政府适用民事程序规则实现生态环境损害的公益救济。如此，政府作为赔偿权利人在磋商中具有行政和民事的双重地位。

政府作为赔偿权利人与违反法律法规，造成生态环境损害的单位和个人就生态环境损害修复或赔偿问题进行磋商。磋商过程是赔偿权利人与赔偿义务人对生态环境修复或损害赔偿的相关问

〔1〕 参见张梓太、李晨光：《关于我国生态环境损害赔偿立法的几个问题》，载《南京社会科学》2018 年第 3 期。

题进行平等的沟通，并在达成一致的情况下订立赔偿协议。赔偿协议是磋商达成一致结果的表现形式，其属性的确定与磋商主体间法律关系、磋商内容涉及的权利义务内容等相关。政府与赔偿义务人之间自愿、平等的就损害事实和程度、修复启动时间和期限、赔偿的责任承担方式和期限等具体问题进行协商，体现出民事合同订立中的契约精神，但生态环境损害所指向的环境利益系一种公共利益，其“不可恣意处置性”决定了磋商行为无法完全归入私法自治范畴。[1] 政府与赔偿义务人之间平等沟通达成协议，且由民事法律规则予以规范，其在程序上适用民事司法程序，即认为政府作为赔偿权利人符合民事主体资格。从磋商的启动程序来看，磋商程序的启动可以通过政府与赔偿义务人的合意而开展，但磋商的启动并不由政府与赔偿义务人完全自主决定。若磋商中政府界定为民事主体，则基于意思自治原则，政府在积极启动磋商程序时需要赔偿义务人同意和配合，否则磋商不会被启动，赔偿义务人可以因意思自治而拒绝磋商，那么磋商前置反倒成为生态环境损害赔偿开展的阻碍。磋商程序启动的前提条件至少要满足有明确的赔偿义务人，且发现受损的生态环境需要修复或赔偿。赔偿义务人承担的生态环境损害赔偿责任是由于其损害了环境公共利益而承担的公法上的义务，是必须履行的义务。政府作为环境公共利益的代表，对于造成生态环境和环境公共利益损害的行为，应当要求其承担损害责任。那么，此时就需要政府通过行政强制力启动磋商程序，虽然赔偿义务人在磋商过程中

---

〔1〕 武建华：《从五个方面完善生态环境损害赔偿磋商机制》，载《人民法院报》2018 年 9 月 12 日第 8 版。

可以自由决定是否退出磋商程序，但在政府启动磋商程序时必须参与磋商程序。政府以强制力启动磋商程序要求赔偿义务人参与磋商的行为类似于行政命令，行政命令是行政主体依法要求相对人作为或不作为的意思表示，是具体行政行为的一种形式；实质是为行政相对人设定具体行为规则，表现为在特定时间内对特定事项或者特定人所作的特定规范。[1] 政府启动磋商程序要求赔偿义务人参与即是对其科以义务，并且该义务仅在生态环境损害赔偿程序启动过程中，属于特定时间内特定事项上对特定主体所作的特定规范。当赔偿义务人不积极履行义务时，政府可以通过制裁或行政强制执行的方式予以后续保障，该行政强制行为的作出是基于政府具有环境管理职责。《环境保护法》第32条规定："国家加强对大气、水、土壤等的保护，建立和完善相应的调查、监测、评估和修复制度。"《水污染防治法》第76条规定："各级人民政府及其有关部门，可能发生水污染事故的企业事业单位，应当依照《中华人民共和国突发事件应对法》的规定，做好突发水污染事故的应急准备、应急处置和事后恢复等工作。"根据法律规定，政府负有对受损害的生态环境修复的监管职责，造成污染的单位和个人也有对受损环境修复的义务。磋商程序启动的目的就是要造成污染的单位和个人履行修复义务，实现生态环境修复和损害赔偿。在行政民主化改革正日益引导传统的"管制行政"体制向"混合行政"体制变迁[2]的过程

---

〔1〕 姜明安主编：《行政法与行政诉讼法》，北京大学出版社2011年版。

〔2〕 陈可：《行政民主化发展的路径选择》，载《中国行政管理》2005年第7期。

中，扩大私法主体在公共事务治理进程中的权能边界，驱策公权行政主体更多地引入私法手段为工具依赖，使得在增强相对人可接受程度和认可度的同时实现行政管理目标成为可能。在这一改革语境下，磋商的运行逻辑体现为具备环境保护行政管理职能的行政机关在确立了维护环境公共利益的目标后，选择借助与实现该目的相适应的原属私法领域的磋商手段与相对人进行法定范围内的平等协商。〔1〕如此，将政府启动磋商的权利和达成的赔偿协议认定为具有行政属性，符合生态环境损害赔偿制度将政府作为赔偿权利人的设计目的，也更有利于生态环境修复或赔偿的实现，因而政府作为赔偿权利人在磋商启动、磋商过程和达成赔偿协议及协议的履行等磋商程序中表现为具有行政和民事双重地位。

（二）明确赔偿协议履行中政府的权利范畴

磋商建立在政府作为赔偿权利人对赔偿义务人违法事实的行政调查的基础上，对生态环境损害事实和程度，修复、赔偿实现的方式、手段、期限、可行性认定等影响环境公共利益保护的多方面的内容。生态环境本身是公共物品，其并不属于传统民事法律规范调整的人身或财产范畴。若将生态环境损害赔偿协议认定为民事性质的协议，则政府作为赔偿权利人可依平等、意思自治原则处分相关权利，但生态环境损害涉及环境公共利益，政府依据民法基本原则处分相关权利存在合法性问题。从我国现有的行

〔1〕郭海蓝、陈德敏：《生态环境损害赔偿磋商的法律性质思辨及展开》，载《重庆大学学报（社会科学版）》2018 年第 4 期。

政协议的性质而言，其既具有民事性又具有特殊性，其签订、履行和争议解决既要适用民法、合同法、民事诉讼法的有关条款，又要适用行政法、行政程序法、行政诉讼法的有关条款。对于生态环境损害赔偿协议始终不得否认其作为合同的本质，在合同的签订、履行及纠纷的解决中当然可以适用民事法律规范的有关条款。虽然政府作为赔偿权利人时，并不能被简单直接地定义为行政主体或非行政主体，但因其特殊的环境公益代表性、政府的主导性以及在实现赔偿过程中直接或间接实现行政管理目标的结果，使得该协议本身具有特殊性质。

康德曾指出："认识前须得对认识工具进行考量，以免受工具本身所限而进入认识之误区。"[1] 若因为《改革方案》规定其适用民事法律原则和规则，而直接认定其为民事合同，进而将政府定义为民事主体，则将落入片面化的认识误区。生态环境损害赔偿协议不仅具有民事合同的基本特征也具有其自身的特殊属性。《改革方案》规定的司法确认制度建立的初衷是为了促进人民调解制度的发展，其确认对象亦是对人民调解外的行政调解、商事调解、行业调解等达成的具有民事合同性质的协议的效力确认。但磋商与调解在本质上具有差别，调解包括行政、司法和人民调解，调解最大的特点在于有中立第三方的参与，而《改革方案》中磋商是指赔偿权利人与义务人双方就损害赔偿的相关问题达成协议的过程。从《民事诉讼法》及相关司法解释来看，赔偿协议能否进行司法确认以及其作为申请强制执行的依据能力还

---

〔1〕 夏立安、钱炜江：《论法律中的形式与实质》，载《浙江大学学报（人文社会科学版）》2012 年第 5 期。

有待于立法进一步解释，因此赔偿权利人是否有申请司法确认的权利还须从法律上予以明确。

申请司法确认并非赔偿协议生效的必要条件，从《改革方案》的规定来看，当磋商双方未将赔偿协议申请司法确认或向人民法院申请强制执行时，将出现赔偿义务人不履行或不完全履行的情况，赔偿权利人的救济权或处分权范畴并未明确，明确的是赔偿权利人不得放弃生态环境损害的索赔权。政府作为赔偿权利人具有双重法律地位，在宪法框架下生态环境损害索赔既是政府的权利又是为实现环境保护的义务。通过私法程序达到公法目的的方式，这是生态环境损害赔偿制度的重要特征。为实现对生态环境利益的保护，当赔偿义务人不（完全）履行协议的情况下仍应当以穷尽私法程序为原则，即应当赋予赔偿权利人提起诉讼的权利，该诉讼可以是基于违约而提起的普通民事诉讼，也可以是在赔偿义务人拒绝履行协议时提起生态环境损害赔偿诉讼的权利，而不再限于磋商未达成一致时才提起生态环境损害赔偿诉讼。

（三）赔偿协议的法律属性的厘清

关于赔偿协议的法律属性当前学界主要存在民事协议说、公法属性说（行政协议说）以及双重构造说三种观点。一是民事协议说。该说主要从政府在磋商中的身份地位入手，认为政府在参与过程中，以赔偿权利人的身份参与，而并非管理者的身份，双方的平等身份地位是磋商得以进行的必要保证，因此，磋商制度应定性为“民事磋商”。二是行政协议说。该说认为，类似于民事关系的生态环境损害赔偿磋商只是实行行政管理的手段，不能改变生态环境损害赔偿磋商自身的性质。三是双层构造说。这一学说源于德国的双阶理论，其将生态环境损害赔偿磋商过程按照相关要素一分为二，在作出磋商决定的阶段，行政机关以行政主体之身份开展生态环境损害调查、评估以及编制修复方案等工作，乃是基于公法关系而作出的行政行为；磋商协议的形成及履约阶段表现为一个协议从谈判到成立再到履行的全过程，属于私法规范调整之范畴，行政机关与生态环境损害行为主体形成的是民事法律关系。

民事协议说容易降低了环境治理的效能，忽视了环境问题的特殊性，不利于实现环境治理的要求。双层构造说则存在规避生态环境损害赔偿磋商协议法律属性争议之嫌，无法从根本上解决法律属性争议问题，极易造成司法救济的困难性与复杂性。而公法属性说下虽众说纷纭，但具备一个共性——将赔偿磋商制度属性的识别立足于公法领域。各类学说认识到了磋商制度是风险社会下催生出的创新性环境制度安排，但大都期望以“行政契约”“行政裁决”等行政法传统理论的“旧瓶”来装磋商制度的“新酒”，有故步自封之嫌，难以绘制出磋商制度之全貌。由此，有学者提出应当从协商行政的角度来对传统的“行政协议说”予以纠偏完善。具体而言，协商行政的三大核心理念，即对话性、合作性与服务性在磋商制度中得到了充分的体现，生态环境损害赔偿磋商是行政机关实现生态环境公共利益保护之公法义务的一种协商行政行为。整个制度的运行分为“调查评估、协商谈判、监督执行”三个阶段，赔偿权利人与赔偿义务人在不同阶段的互动中呈现出动态的位势：在前期调查和后期执行的阶段，磋商双方之间是一种垂直法律关系；在磋商环节则体现为一种行政机关与赔偿义务的私人主体之间的平行法律关系。[1] 生态环境损害赔偿磋商制度在本质上是一种兼具行政和民事特征的双重复合性法律关系，以行政机关和赔偿义务人（同时也是行政管理相对人）之间的垂直关系为背景，以双方主体平等地进行协商解决问题为主要方式。[2]

（四）磋商程序的完善

第一，磋商程序的启动规则。赔偿权利人（行政机关）基于公权因素具有一定的主动性，但不能因此就片面地、固化地认为赔偿权利人对磋商制度的运行具有绝对话语权。特别是在协商谈判阶段，赔偿权利人与赔偿义务人法律地位平等，不应因赔偿义务人私主体之身份而“霸道”剥夺其应当享有的程序性权利，赔偿义务人应当同赔偿权利人一样，有权主动启动磋商程序并于合意达成前的任何阶段决定退出磋商程序。另外，基于协商谈判阶段的私法特征，可尝试运用“磋商简易程序”，即对于生态环境损害事实等磋商内容无较大争议的，可由磋商双方约定适用简易程序，降低磋商成本，及时修复生态损害。关于磋商的次数和期限问题，由于生态环境的修复具有时效性，因而磋商不可能不限次数和时间的进行，在一定期限内磋商无法实现纠纷的解决时，就应当通过诉讼的方式予以解决。对于各地在磋商次数和期限上规定的差异，可基于当地不同情形予以差异化处理，但仍应

---

〔1〕 王莉、许微：《生态环境损害赔偿磋商制度法律属性的再识别——以协商行政理论为视角》，载《河南财经政法大学学报》2023年第1期。

〔2〕 史玉成、芝慧洁：《生态环境损害赔偿磋商制度的二元解释论辩正》，载《南京航空航天大学学报（社会科学版）》2023年第2期。

秉持能高效实现生态环境修复的目的，在合理的期限内完成磋商程序。

第二，赔偿协议司法确认程序规则。有学者指出首先应当明确司法确认程序的法律属性，只有在法律属性确定的前提下，方可进行整个司法确认程序规则的构建。吴英姿认为司法确认程序不是非讼程序，而是略式诉讼程序。所谓略式程序，是指省略了实质审理环节，法院主要审查申请材料即作出裁判的一种简式诉讼程序。该种程序的目的不在于解决民事纠纷，而是快速形成执行名义。〔1〕就法院对赔偿协议予以司法确认的整个过程来说，应当遵循实质尊重生态公共利益最大化原则，审查重点放在磋商程序与协议内容两个方面的合法性上。同时，应当明确司法确认的审查标准，并细化审查要件，以加强赔偿协议司法确认规则的可操作性。胡肖华、熊炜认为人民法院在对磋商协议进行司法确认之前，应先对该协议的具体内容进行甄别，并具体设置受理审查的条件。如在磋商协议中规定权利人和义务人应当共同申请司法确认；申请司法确认的当事人应提供相关环境损害调查与评估报告，以及损害事实及相关证据材料；关于“合法性”的审查，人民法院根据具体情况，对协议中商定的具体内容，包括损害事实和修复方案进行审查，确保生态环境修复的具体治理措施属于能切实有效落实到位的措施。〔2〕在此过程中，还需关注程序转换机制的设置，

〔1〕 吴英姿：《论生态环境损害赔偿磋商协议的司法确认》，载《清华法学》2023 年第 5 期。

〔2〕 胡肖华、熊炜：《生态环境损害赔偿磋商的现实困境与制度完善》，载《江西社会科学》2021 年第 11 期。

即法院经审理发现当事人对磋商协议主体内容存在实质争议的，经索赔权利人同意，可以转为诉讼程序；认为具备磋商条件的，可以建议当事人继续磋商，当事人重新磋商达成协议的，可以再次申请司法确认。[1] 借此避免磋商程序陷入僵局，确保整个磋商过程有条不紊的持续进行。

此外，针对未经司法确认的磋商协议的强制效力如何认定，尚未有明确规定。有学者提出针对尚未经过司法确认的磋商协议的订立和履行过程中发生的纠纷，应设定更加便捷的解决程序，如陈俊宇、徐澜波提出履行和解协议（磋商协议）之诉在“程序便易性”上优于生态环境损害赔偿之诉，应当成为未经司法确认的生态损害赔偿磋商协议强制效力的先决路径。具体而言，环境法典在编纂的过程中，应当明确赋予生态环境损害赔偿磋商协议强制效力，使其能和普通民事合同一样在未被履行时可以得到司法救济。若磋商一方不履行或不完全履行未经司法确认的磋商协议，基于民事合同（协议）之债确立的权利义务关系，另一方即可以以合同违约为由向人民法院提起履行和解协议之诉。此时，诉讼标的由生态环境损害赔偿的“侵权之债”法律关系转变为磋商协议履行的“合同之债”法律关系。这样，不仅能够确保磋商的有效性，而且可以避免权利人陷于复杂的程序摸索导致生态环境无法获得及时救济等问题。[2]

---

〔1〕 吴英姿：《论生态环境损害赔偿磋商协议的司法确认》，载《清华法学》2023 年第 5 期。

〔2〕 陈俊宇、徐澜波：《生态环境损害赔偿磋商协议之性质厘定与司法效果》，载《当代法学》2022 年第 6 期。

【案例】

重庆市九龙坡区环境保护局与米某等六人生态环境损害赔偿协议司法确认案（2019）渝****民特56号

1. 基本案情

米某等六人从事废油漆桶、废油桶等的回收、加工，开设的三处加工点均未办理相关环保审批手续，在切割废桶时将桶内的残留物直接倾倒于加工点地面，造成土壤污染。经生态损害评估，污染物清除费用260484.32元，生态环境修复费用385573.42元，鉴定评估费用60000元。随后，根据生态环境损害鉴定评估报告，九龙坡区生态环境局与米某等六人展开生态环境损害赔偿磋商，并于2019年1月9日签订了《生态环境损害赔偿协议》。鉴于露天土壤无法修复，实行货币赔偿，通过采取支付赔偿金的方式履行生态环境损害赔偿责任。协议签订后，九龙坡区生态环境局与米某等六人共同向法院申请确认上述协议有效。江津区法院依法审查了《生态环境损害赔偿协议》的法律效力，并将协议内容向社会进行了公示，2019年3月5日依法裁定《生态环境损害赔偿协议》有效。在送达裁定书时，法院向米某等六人详细释明了不主动履行的法律后果，促使米某等六人在裁定书送达后主动履行了协议，向重庆市九龙坡区财政局缴纳了生态环境损害赔偿资金706057.74元，专项用于生态环境修复和保护。

理论实践意义：本案是重庆市公益诉讼与生态环境损害赔偿诉讼典型案例，该案例具体呈现了磋商机制在环境治理纠纷解决中的实际运行过程。在环境污染发生后，相关部门及时委托符合条件的机构出具生态环境损害鉴定评估报告，并依据报告启动磋商程序，与赔偿义务人展开磋商，经磋商对生态环境损害赔偿责任达成一致意见后签订了生态环境损害赔偿协议。至此，赔偿权利人通过磋商机制及时地明确了污染者的赔偿责任、有效地处理了相关纠纷。

尽管生态环境损害赔偿磋商机制蕴含着提高生态损害赔偿效率的价值，但协议在签订后并不直接具有强制执行的效力，通过司法确认制度赋予赔偿协议以强制执行力。在法院对协议效力进行司法确认后，赔偿权利人可在赔偿义务人拒绝履行或未全部履行协议内容时直接向法院申请强制执行，有利于提高生态损害赔偿磋商程序的运行效率。同时，法院在送达文书时，向赔偿义务人释法，促使当事人主动履行义务，推动了环境治理纠纷的高效解决。

该赔偿义务人的先前行为严重的污染的环境，构成了刑事犯罪。因其积极开展损害赔偿磋商并履行相关协议内容，因而在刑事审判中作为酌情从轻处罚的情节。裁判文书〔（2020）渝0116刑初148号〕作出如下理由说明："二被告人的行为严重污染了环境，但二被告人在犯罪后积极履行生态环境损害修复责任，与重庆市九龙坡区环境保护局通过生态环境损害赔偿磋商程序签订了《生态环境损害赔偿协议》，并经过法院进行了司法确认，后二被告人按照协议内容积极缴清了其应承担的全部污染物清除费用、生态环境修复费用等，对受损害的生态环境进行了及时的修复，有悔罪表现，可酌情从轻处罚。"将积极履行赔偿和修复义务作为刑事案件酌情处理的情节，有利于推动生态环境损害赔偿磋商制度更加顺利高效地运转。

（四）磋商与环境公益诉讼的衔接程序完善

政府与市场主体就环境治理中的纠纷进行磋商是政府提起生态环境损害赔偿诉讼的前置程序，在此情况下，磋商与环境公益诉讼的衔接被明确。对于检察机关和社会组织提出生态环境损害赔偿诉讼的，也应当在磋商之后提起，作为政府不及时提起赔偿诉讼时的兜底、补充。对于磋商和诉讼的衔接，《生态环境损害赔偿制度改革试点方案》与《改革方案》的规定并不相同，前者磋商与诉讼并无先后顺位，可以任意选择适用其中一种程序，任何一种程序都是解决纠纷的最终程序。《改革方案》中把磋商作为诉讼的前置程序，即只要磋商能够解决纠纷，就不进入诉讼程序，诉讼仅是一个补充的地位。《生态环境损害赔偿管理规定》则进一步明确了磋商作为前置程序在环境治理纠纷解决中的优先性。将磋商前置确实具有快捷高效地实现纠纷解决、为生态环境修复争取宝贵的时间的优势，但是对于赔偿义务人拒绝磋商的，磋商程序无法开启，也就不存在“磋商未达成一致”时提起诉讼的情形。这种情况下应当赋予政府直接提起生态环境损害赔偿的权利，否则前置的磋商程序不仅不能发挥其优势，反而造成程序的拖沓。

生态环境损害赔偿磋商与环境民事公益诉讼的衔接，分别包括磋商与检察机关和符合条件的环境 NGOs 提起的民事公益诉讼的衔接。政府启动、开展磋商的行为具有行政属性，检察机关应当向政府发出检察建议，督促政府开展生态环境损害赔偿磋商，检察机关督促政府履职的前提是政府是依职权启动磋商程序。当政府不愿启动磋商或磋商失败时，检察机关可以提起环境民事公益诉讼。当环境 NGOs 作为提起公益诉讼的主体时，纠纷转化为社会公众与市场主体对环境治理纠纷的解决，社会公众有权就该纠纷直接向有关市场主体提起诉讼，而不受政府与市场主体之间纠纷解决的影响，究其本质是环境治理主体对生态环境的保护和救济。因此，当环境 NGOs 提起民事公益诉讼时，不应受磋商前置的约束，可以在政府启动磋商程序之前，也可以在政府磋商失败后提起公益诉讼。但对于已经在生态环境损害赔偿磋商中的，环境 NGOs 不能提起诉讼，但其可以参与到磋商的过程中，就磋商达成内容予以监督。

第五章　生态环境治理纠纷解决机制之生态环境损害赔偿诉讼

生态环境损害赔偿诉讼作为一种新的诉讼制度，对环境治理纠纷解决具有重要价值。作为独立的纠纷解决方式必须对其正当性予以论证，并通过明确其地位和功能，以充分发挥其解纷、平息争执、保护环境公共利益的作用。

一、生态环境损害赔偿诉讼的基本理论

生态环境损害赔偿诉讼是指政府及其指定的部门或机构、法定机关、符合条件的社会组织对造成生态环境损害的赔偿义务人，依法向人民法院起诉，人民法院依法对生态环境修复或赔偿的请求进行审查并作出裁判，从而解决环境治理纠纷的制度。该诉讼提起的前提是已经确认赔偿义务人造成了生态环境损害的结果且必须承担损害责任，即该诉讼只涉及生态修复和赔偿相关的治理问题。明确该诉讼的地位、性质对充分发挥其功能、实现纠纷解决和生态环境保护具有重要意义。

（一）生态环境损害赔偿诉讼的法律属性

生态环境损害赔偿诉讼的法律属性指引着该制度相关规则的具体构建，决定着该制度的完善方向，发挥着重要的立法导向的作用。因此，研究生态环境损害赔偿诉讼制度首先就要明确其法律属性。关于生态环境损害赔偿诉讼的性质，学界认识多样，但大致可分为“公益诉讼说”“私益诉讼说”以及“混合诉讼说”三类。

第一类是基于自然资源国家所有权为其理论基础的“私益诉讼说”或“特殊民事诉讼说”，该说的基本逻辑是“自然资源国家所有权（《宪法》第9条、第10条）——政府是享有所有权的民事主体——行政机关有权实施（民事）磋商和（民事索赔）诉讼”。如王树义、李华琪认为“政府的索赔权来源于自然资源国家所有权，而自然资源国家所有权具备的私权属性决定了生态环境损害赔偿诉讼属于特殊的私益诉讼”〔1〕；罗丽认为“生态环境损害赔偿诉讼是国家自然资源所有权行使主体维护国家自然资源生态功能或生态价值的一种特殊的民事诉讼，由与本案有直接利害关系的赔偿权利人提起。”〔2〕该说的优势在于把资源国家所有权作为生态损害索赔的请求权基础，凸显了该类诉讼与环境民事公益诉讼的基础性差异，符合《改革方案》的直观表述，能够在一定程度上解释政府原告的特殊和优先地位。但缺点也是显而易见的，具体体现在以下四点：一是适用范围过窄。该说将

〔1〕王树义、李华琪：《论我国生态环境损害赔偿诉讼》，载《学习与实践》2018年第11期。

〔2〕罗丽：《生态环境损害赔偿诉讼与环境民事公益诉讼关系实证研究》，载《法律适用》2020年第4期。

索赔情形限定为可物权化的特定国有资源的受损，既使得同样导致生态损害的集体资源受损被排除在外，也无法覆盖大气等通常认为无法成立所有权的环境要素。二是对象认识错误，混淆“自然资源物损害”与“生态环境损害”，把救济对象确定为作为环境要素的具体资源，既无法解释受害资源已“恢复原状”（如流水自净）时的责任追究，也无法为支持远高于受损资源自身价值的环境修复费用提供正当理由。三是价值目标错位，把诉讼目的视为保障作为“私权”的国家所有权，不能凸显诉讼的环保目的、公益指向与生态追求。第四，从实效角度看，该说的最大弊端在于“名实不符，心口不一”，基础和结论之间存在逻辑断裂。因为无论如何勉力论证权利基础、诉讼属性之“私”，在具体内容和制度设计上都只能从公益保障角度去思考和建构。

值得注意的是，也有学者在承认自然资源国家所有权为生态环境损害赔偿诉讼的理论基础的同时，认为其性质应当是“公产诉讼”，如巩固从“公权说”理论角度出发，认为生态环境损害赔偿诉讼属于以国家所有权为基础的“公产诉讼”：“无论从制度初衷还是基本内容来看，生态环境损害赔偿诉讼与国家所有权的内在关联确定无疑、不容否认”但“以国家所有权为基础并不当然意味着诉讼的私益属性”。财产有私产与公产之分，应当“把生态环境整体视为一种国家所有，即全民所有的特殊资源，把资源国家所有权视为国家基于全民利益对自然资源进行保护和管理的公法性支配权力”。[1] 此外，还有观点在承认自然资源国

[1] 巩固：《生态环境损害赔偿诉讼与环境民事公益诉讼关系探究——兼析〈民法典〉生态赔偿条款》，载《法学论坛》2022年第1期。

家所有权为生态环境损害赔偿诉讼的理论基础的同时，认为自然资源国家所有权不是财产意义上的国家所有权，作为集合体的国家所有的自然资源既不是“私产”，也不是“公产”，而是从行政监管的角度出发，认为生态环境损害赔偿诉讼是政府基于自然资源国家所有权履行环保职能的辅助手法，是政府作原告，以自然资源国家所有权为基础的“环境履职诉讼”，其本质是民事赔偿诉讼，是环境行政监管的补充手段。[1]

第二类是基于社会公益或国家权力（国家环境保护义务）的“特殊环境民事公益诉讼说”。如部分学者从“两诉”的诉讼目的、概念表述、诉讼请求和诉权来源等方面进行分析，发现“两诉”雷同，因此认为“两诉”之间应当属于包含关系，生态环境损害赔偿诉讼属于环境民事公益诉讼。[2] 还有学者通过对诉讼双方当事人的地位、保护的利益、胜诉利益之归属进行分析后，认为生态环境损害赔偿诉讼是环境民事公益诉讼的子类型。[3] 同时也有学者从诉讼本质出发，从诉讼担当角度，分析认为生态环境损害赔偿诉讼“原告”诉权来源于法定诉权担当说，源于《民事诉讼法》第 58 条之授权，生态环境损害赔偿诉讼在本质上为特殊的环境民事公益诉讼。[4] 与私益诉讼说相比，

〔1〕 王斐：《环境法典编纂中生态环境损害赔偿诉讼制度的定位与融入》，载《北方法学》2023 年第 3 期。

〔2〕 孙洪坤、范雅莉：《生态环境损害赔偿诉讼与环境民事公益诉讼衔接困境及其破解》，载《南京工业大学学报（社会科学版）》2023 年第 5 期。

〔3〕 林莉红、邓嘉咏：《论生态环境损害赔偿诉讼与环境民事公益诉讼之关系定位》，载《南京工业大学学报（社会科学版）》2020 年第 1 期。

〔4〕 潘牧天：《生态环境损害赔偿诉讼与环境民事公益诉讼的诉权冲突与有效衔接》，载《法学论坛》2020 年第 6 期。

"公益诉讼说"的最大优势在于名实相符，符合制度实践和常识认知。作为环境民事公益诉讼之一的定位，抓住了该诉讼的环保取向和公益目的；对国家义务、环保职责的强调则揭示出政府原告的"公益代表"身份，为正确认识其身份、角色，规范其职权行使，提供了良好基础。该说不足之处在于对"损害赔偿"这一财产责任的特性考虑不足，社会公益也好，国家义务也罢，依通说并不具有财产属性，难以直接引出赔偿责任，从操作角度看，环境公益、国家义务极其抽象、宽泛，如无更进一步的具体载体和依据，也难构建起细密的规则体系。

此外，还有观点以我国宪法层面的国家环境保护义务和作为"公权"的自然资源国家所有权作为理论基础，认为"两诉"虽然具备共性，但"两诉"理论基础迥异、原告主体不同、起诉条件有别，因此生态环境损害赔偿之诉是一种新型的、特殊的环境民事诉讼类型，"两诉"之间亦是一种泾渭分明的关系，而非包含关系。[1]

第三类是"混合诉讼说"，有学者以自然资源国家所有权和公共信托理论作为理论基础，认为生态环境损害赔偿诉讼可以理解为是一种以自然资源国家所有原则为赔偿权利人的程序性权利来源，以公共信托环境权益损害为救济对象的特殊诉讼。[2] 有的学者则认为生态环境损害赔偿制度的理论基础应采用"（形式）二元论"，对于能够纳入自然资源国家所有权范畴的森林、

〔1〕 彭中遥：《论生态环境损害赔偿诉讼与环境公益诉讼之衔接》，载《重庆大学学报（社会科学版）》2021 年第 3 期。

〔2〕 王小钢：《生态环境损害赔偿诉讼的公共信托理论阐释——自然资源国家所有和公共信托环境权益的二维构造》，载《法学论坛》2018 年第 6 期。

草原、湿地等自然资源，适用自然资源国家所有权理论；对于不可纳入自然资源国家所有权的大气、阳光等生态环境，则适用环境公共信托理论。[1] 还有学者认为应当结合域外法制经验，以“生态环境公共利益——国家环境保护义务”作为生态环境损害赔偿制度的理论基础。[2]

综上，“私益诉讼说”将自然资源国家所有权作为政府具有索赔权的权利基础，同时强调自然资源国家所有权的私权属性，进而将政府基于自然资源国家所有权提起的生态环境损害赔偿诉讼界定为特殊的私益诉讼甚至是民事赔偿诉讼的观点在适用范围、认识对象、价值目标方面存在明显不足，无法为生态保护的实践提供正确的理论支持。“混合诉讼说”则依据自然资源国家所有权和公共信托理论，根据对象的不同，将生态环境划分为可以被自然资源国家所有权包含的和自然资源国家所有权范畴之外的两类，前者的理论基础为自然资源国家所有权，后者的理论基础为公共信托理论。该观点混合了两种理论学说，且二者界限模糊，难以辨别，若以此指导立法实践，则加大了立法的难度，不利于相关制度规则的构建。“公益诉讼说”基于国家的环境保护义务和社会公益将生态环境损害赔偿诉讼界定为政府依职责提起的特殊的环境民事公益诉讼，其与环境民事公益诉讼在诉讼目的、概念表述、诉讼请求和诉权来源等方面具有一致性，应当将其视为环境民事公益诉讼的一种子类型。该观点契合了生态环境

---

〔1〕 李兴宇：《生态环境损害赔偿诉讼的类型重塑——以所有权与监管权的区分为视角》，载《行政法学研究》2021 年第 2 期。

〔2〕 程玉：《我国生态环境损害赔偿制度的理论基础和制度完善》，载《中国政法大学学报》2022 年第 1 期。

保护的公益属性，符合环境治理实现社会公益的价值目标和生态实践的要求，但生态环境损害赔偿诉讼与环境民事公益诉讼理论基础迥异、原告主体不同、起诉条件有别，不可将二者混为一谈。因此，尽管生态环境损害赔偿诉讼由于其环保取向和公益目的具备明显的公益属性，但仍不应简单的将其视为环境民事公益诉讼的子类型。简言之，生态环境损害赔偿之诉是一种新型的、特殊的环境诉讼类型，其与环境民事公益诉讼并非包含关系，而是并列关系，二者皆是环境治理纠纷解决的一种机制。

（二）生态环境损害赔偿诉讼具有独立性

生态环境损害赔偿诉讼的地位，对环境治理纠纷解决机制的运行和纠纷解决程序的设计具有重要影响。《改革方案》中关于"生态环境损害赔偿民事诉讼"和"生态环境损害赔偿诉讼"两种表述，《关于推进生态环境损害赔偿制度改革若干具体问题的意见》《生态环境损害赔偿管理规定》中未使用"生态环境损害赔偿诉讼"和"生态环境损害赔偿民事诉讼"的表述，而是统一采用了"生态环境损害赔偿工作"这一表述。本书认为使用"生态环境损害赔偿诉讼"这一表述更为严谨，因为生态环境损害赔偿诉讼与民事诉讼有一定区别。虽然损害赔偿请求权理论来自民法，但从《改革方案》对政府的生态环境赔偿请求权利的规定和政府对生态环境的保护职责来看具有行政属性，应当理解为是损害赔偿请求权在公法领域的嬗变，因而其具有公属性。根据行政公产理论可知，政府对生态环境资源的保护职责和管理权力是出于履行环境保护义务而行使的对生态环境资源的管理权力和履行保护职责的行为，而不是其作为民事主体提起民事损害赔偿的行为。对于客观违法损害生态环境等公产的，行政机关必须追诉，诉讼请求包括罚款和修复责任。[1] 根据《民事诉讼法》第3条规定："人民法院受理公民之间、法人之间、其他组织之间以及他们相互之间因财产关系和人身关系提起的民事诉讼，适用本法的规定。"民事诉讼是法律关系主体因财产或人身关系而提起的诉讼，其中也包括因为人身伤害或财产损害而要求赔偿提起的。生态环境损害赔偿诉讼是关于违法造成生态环境损害的主体履行生态修复或赔偿义务的诉讼，其与民事诉讼的根本性差别表现在：①该生态环境并不属于人身或财产的范畴，其本身具有独立存在的价值；②该诉讼的标的不在于对"违反法律法规，造成生态环境损害"的认定，而是基于以上事实就关于赔偿义务人履行生态修复或赔偿等治理义务进行诉讼；③政府在生态环境损害赔偿诉讼中并不是单纯的民事主体或行政主体，其原告地位具有特殊性。根据我国《民法典》第97条[2]的规定可知，政府以机关法人身份作为民事主体参与民事活动具有合法性，但生态环境损害赔偿中政府的索赔范围和行为并非都受民事法律规范调整。根据《改革方案》规定，政府对修复予以评估、对环境修复的监督、对损害赔偿资金管理等，是基于政府行政管理职权的行使。

根据《改革方案》规定，"赔偿权利人……主动与赔偿义务人磋商，磋商未达成一致，赔偿权利人可依法提起诉讼"，"鼓

〔1〕 王名扬：《王名扬全集：法国行政法》，北京大学出版社2016年版，第265页。

〔2〕《民法典》第97条规定："有独立经费的机关和承担行政职能的法定机构从成立之日起，具有机关法人资格，可以从事为履行职能所需要的民事活动。"

励法定的机关和符合条件的社会组织依法开展生态环境损害赔偿诉讼”，由此可知生态环境损害赔偿诉讼是可以由政府、检察机关、符合条件的社会组织向造成生态环境损害的主体提起的关于生态环境修复或赔偿的诉讼。磋商前置是政府作为赔偿权利人在提起生态环境损害赔偿诉讼时的前置条件，需由政府主动先就需要修复或赔偿的事项开展磋商，磋商未达成一致时由政府及其指定的部门或机构提起赔偿诉讼。虽然《生态环境损害赔偿管理规定》中并未明确规定磋商未达成一致可依法提起诉讼等相关论述，但从该规定第3条“主动磋商、司法保障”以及第4条第2款“违反国家规定造成生态环境损害的，按照《生态环境损害赔偿制度改革方案》和本规定要求，依法追究生态环境损害赔偿责任”的相关规定来看，磋商仍是生态环境损害赔偿诉讼的前置程序，影响着诉讼程序的启动与否。另外，从现有的法律规定来看，“法定机关和符合条件的社会组织”主要是指检察机关和环境NGOs，但由于其并不是《改革方案》规定的赔偿权利人，因而其不是磋商的适格主体。磋商并非检察机关和环境NGOs提起生态环境损害赔偿诉讼的前置条件，也就意味着检察机关和环境NGOs可以根据已经确定的生态环境损害的事实，向造成生态环境损害的主体提起损害赔偿诉讼。由于“违反法律法规造成生态环境损害”的主体是经由其他程序确认的主体，在生态环境损害赔偿诉讼中无需再对其是否违法、是否存在损害的事实等进行认定，仅就赔偿义务人对受损环境的修复或赔偿等相关问题作为诉讼请求即可。

生态环境损害赔偿诉讼作为一种独立的诉讼，可以聚焦纠纷、节省司法资源，方便快捷地实现环境公共利益救济。生态环境损害赔偿诉讼将纠纷的焦点聚集在对生态修复和赔偿的问题上，不再涉及关于违法或者损害事实的认定，避免法院重复对事实进行认定而浪费司法资源，造成诉累。生态环境损害赔偿诉讼是政府解决与违法造成生态环境损害市场主体纠纷的重要途径，是对违法市场主体的损害赔偿责任的追究。目前我国行政赔偿制度确立了单独的行政赔偿诉讼，根据《国家赔偿法》，行政赔偿诉讼的审理与行政行为合法性审理不同，后者适用行政诉讼程序，而行政赔偿诉讼适用的是国家赔偿法规定的特别程序，[1]是专门针对行政机关在执法过程中违法行为对赔偿请求人造成的损害的赔偿，其独立于一般的行政诉讼。在单独提起行政赔偿诉讼之前，赔偿请求人必须先行向相关行政机关提出，若行政机关给予相应的赔偿，则不进入行政赔偿诉讼；若不能就赔偿达成一致，则赔偿请求人可以通过赔偿诉讼的方式维护自身权利。参照行政赔偿的诉讼形式，可见在生态环境损害赔偿过程中可以将生态环境损害赔偿诉讼作为一种独立的诉讼形式存在。

虽然生态环境损害赔偿诉讼与国家赔偿诉讼的标的、主体、涉及的利益关系不同，但是生态损害赔偿诉讼与其具有相似的目的和效果。一是在赔偿程序上政府作为赔偿权利人在提起生态环境损害赔偿诉讼之前必须先行与赔偿义务人磋商，磋商不能达成一致才提起诉讼。二是赔偿权利人对赔偿义务人提起诉讼是基于义务人对治理义务的不积极履行，由政府作为公共利益的代表提起诉讼。三是生态环境损害赔偿诉讼中并不需要对赔偿义务人的违法行为予以认定，对于认定其违法行为的刑事诉讼或民事诉讼

---

〔1〕 陈春龙：《中国国家赔偿论》，中国社会科学出版社 2015 年版，第 242 页。

或行政决定等结果，可以直接作为认定生态环境损害赔偿义务人的依据，该诉讼是单独对赔偿义务人提起的损害赔偿之诉。如此，在我国现行司法体系之下，生态环境损害赔偿诉讼作为一种独立的用于解决政府与市场主体的生态环境损害赔偿纠纷的特殊程序，具有形式的正当性。

（三）生态环境损害赔偿诉讼与环境民事公益诉讼的关系

生态环境损害赔偿诉讼作为解决政府与市场主体在环境治理过程中纠纷的方式，是为实现对生态环境的保护和修复之目的而提起的赔偿之诉。其作为一种独立的纠纷解决方式必须厘清与环境民事公益诉讼之间的关系，以明确其具有环境治理纠纷解决的独立性。

1. 生态环境损害赔偿诉讼与环境民事公益诉讼法律目的一致性

环境民事公益诉讼作为实定法上的制度，其设立的法律目的非常明确，即保护涉及生态环境的社会公共利益。环境民事公益诉讼作为环境治理纠纷解决的途径，是通过检察机关或环境NGOs对具有治理义务的市场主体提起的监督之诉，通过诉讼的方式督促治理主体履行生态修复或赔偿的义务，解决因治理义务主体不履行治理义务而引发的纠纷，从而实现生态环境的修复或赔偿。（本书后文将对环境民事公益诉讼进行详述）生态环境损害赔偿诉讼不仅包括生态环境的修复时间和期限、赔偿责任的承担方式和期限等具体治理问题上的诉讼，还包括在磋商达成一致后对未经过司法确认的赔偿协议的不履行或不完全履行，或者在履行协议的过程中发现协议内容并不能实现生态环境修复的目的，从而引发纠纷提起的诉讼，该诉讼的提起最终是为了实现生态环境的修复或赔偿。虽然生态环境损害赔偿诉讼与环境民事公益诉讼的主体和权利基础不同，但在实现生态环境修复或赔偿、保护环境公益的法律目的上具有一致性。

2. 生态环境损害赔偿诉讼与环境民事公益诉讼的差异

虽然生态环境损害赔偿诉讼与环境民事公益诉讼在法律目的上具有一致性，但是，两者仍然存在显著的差异，以致生态环境损害赔偿诉讼是独立于环境公益诉讼范畴的诉讼。①诉讼主体的差异。诉讼主体的区别是两者最显著的差异，生态环境损害赔偿诉讼的起诉主体除了法定的机关和符合条件的社会组织之外，最主要的起诉主体是国务院授权的省级、市地级政府及其指定的机构或部门，省级、市地级政府作为其行政管辖区域内生态环境损害赔偿权利人，意味着其只能对发生在本行政区域内的生态环境损害提起诉讼。被告则必须是违反法律法规，造成生态环境损害的企事业单位或个人，即需要承担治理义务的主体。环境民事公益诉讼的起诉主体为法定机关和符合条件的社会公益组织，从当前的规定来看，仅有检察机关和符合《环境保护法》第 58 条规定的环境 NGOs 可以作为起诉主体，对于环境 NGOs 提起环境民事公益诉讼并未限定于其登记所在地域范围，即其可以在全国范围内提起环境民事公益诉讼。只要是造成环境污染或生态破坏或者有损害生态环境重大风险的主体，就可以成为被告，并不以违法为前提。②适用的阶段不同。生态环境损害赔偿诉讼是在已经认定造成生态环境损害是因为赔偿义务人具有违法行为，且生态环境损害需要开展生态修复或赔偿之后，治理义务主体在关于履行修复或赔偿过程中引发的治理纠纷。在政府作为权利人提起赔偿诉讼之前必须先经过磋商程序才能提起。而环境民事公益诉讼在解决环境治理中的纠纷主要是基于检察机关或环境 NGOs 对市场主体履行环境治理义务的监督权而提起的。③诉讼请求范围不同。生态环境损害赔偿诉讼是对经其他程序已经明确生态环境修复或赔偿责任和责任主体，提出关于生态环境修复或赔偿义务的履行的请求。环境民事公益诉讼除了关于修复或赔偿履行之外，还可以包括停止侵害、赔礼道歉等请求。

二、生态环境损害赔偿诉讼的功能

功能的思维是人类观察现象和设计机制制度时的重要概念，是事物内部固有的效能，它是由事物内部要素结构所决定的，是一种内在于事物内部相对稳定独立的机制。一般认为，生态环境损害赔偿诉讼的功能主要体现在两个方面，一是生态环境损害赔偿诉讼本质上是要维护生态环境的质量（生态价值恢复）而不是对自然资源的所有者的经济利益的救济（经济价值填补）；二是赋予地方政府向损害者索赔的权利，解决“政府买单”问题，真正落实损害担责原则。与此同时，生态环境损害赔偿诉讼作为环境治理纠纷解决的重要途径具有以下功能：

（一）补充功能

生态环境损害赔偿诉讼的补充救济功能是针对其前置程序生态环境损害赔偿磋商而言。根据《改革方案》的规定，省级、市地级政府及其指定的机构或部门在解决有关生态环境损害赔偿案件时，不能直接提起生态环境损害赔偿诉讼，而是必须先行磋商，对于磋商不能达成一致的，才启动诉讼程序。所以，对于作为赔偿权利人的政府而言，生态环境损害赔偿诉讼并不是必经程序，只有在磋商无法实现其目的时，诉讼作为补充救济的方式继续完成磋商阶段未完成的使命。

（二）救济功能

生态环境损害赔偿诉讼的解纷功能是针对环境治理中的纠纷而言。生态环境损害赔偿诉讼的起诉主体是省级、市地级政府及其指定的机构或部门，被告是因其违法行为造成生态环境损害的企事业单位和个人。本书中环境治理纠纷主体的认定是以环境治理过程中对治理主体的划分为依据的，即政府、社会公众、市场主体。赔偿义务人中，企事业单位明显属于市场主体的范畴，对于个人而言，并不能纳入社会公众的范畴，社会公众是一个泛化的概念，指代的是集体，虽然是由具体的个体成员组成，但个体行为的意义并不能代表集体而存在。因而此处的“个人”若是因为市场行为造成生态环境损害，也应当纳入市场主体范畴。从环境治理中的纠纷角度来看，损害赔偿、生态修复问题都是环境治理过程中的问题，生态环境损害赔偿诉讼是能够解决政府与市场主体之间治理纠纷的有效方式。

（三）惩罚功能

生态环境损害赔偿诉讼是为了实现生态修复或损害赔偿，在起诉过程中可以向赔偿义务人提出支付因生态环境损害鉴定、评估、应急处置产生的费用以及诉讼费用等请求，也可以要求其承担停止侵害、排除妨碍、消除危险、生态修复、赔偿损失、赔礼道歉等民事责任的诉讼请求。在损害担责原则下，生态环境损害赔偿诉讼也未禁止起诉主体提出惩罚性赔偿请求。惩罚性赔偿是指所作出的赔偿数额超出实际损害的数额的赔偿，以达到防止被告将来重犯和惩戒他人的目的。惩罚性赔偿超出了民事侵权损害赔偿的补偿性赔偿的形式，对于超出实际损害部分的赔偿其实是基于对社会公共利益的一种维护，惩罚性部分的赔偿是基于环境安全的目的而提出的，环境安全是一种显性的环境公共利益。在我国《消费者权益保护法》中已经确立了惩罚性赔偿，如“经营者提供商品或者服务有欺诈行为的，应当按照消费者的要求增加赔偿其受到的损失，增加赔偿的金额为消费者购买商品的价款或者接受服务的费用的三倍”，超出部分的赔偿是为了鼓励消费者同违法行为作斗争，维护社会主义市场经济秩序和维护消费者的共同利益不受侵犯。对于损害生态环境的行为，惩罚性赔偿也有可以借鉴之处，尤其是对于生态环境损害本身就是对环境公共利益的损害，惩罚性赔偿能够更直接有效的警示或惩戒相关主体，从而有助于实现生态环境的保护。

三、生态环境损害赔偿诉讼程序

（一）生态环境损害赔偿诉讼的程序制度

生态环境损害赔偿诉讼的程序制度是有序开展赔偿诉讼，解决环境治理纠纷的保障。在赔偿诉讼过程中仍要以合作的态度解决纠纷，给予诉讼主体协商的权利，可以通过调解实现纠纷的解决。同时对于生态环境损害赔偿诉讼需要附设相应的救济程序，以保障诉讼主体的合法权益。当前，《改革方案》《生态环境损害赔偿管理规定》《关于推进生态环境损害赔偿制度改革若干具体问题的意见》《民法典》以及相关司法解释中对于生态环境损害赔偿诉讼的程序制度进行了规定，这主要表现在以下三个方面：

1. 适用范围。根据《改革方案》的规定，生态环境损害赔偿诉讼主要适用于环境要素、生物要素的不利改变以及生态系统功能退化的情形，从时间上来看，其针对已经发生的生态环境损害，只有在损害发生后才可起诉。同时，根据《改革方案》所列举的情形，从损害程度上来看，生态环境损害赔偿诉讼针对发生突发性环境事件等严重影响生态环境后果的情形。《生态环境损害赔偿管理规定》明确了生态环境损害赔偿的适用范围：①生态环境受到损害至修复完成期间服务功能丧失导致的损失；②生态环境功能永久性损害造成的损失；③生态环境损害调查、鉴定评估等费用；④清除污染、修复生态环境费用；⑤防止损害的发生和扩大所支出的合理费用。进一步明确了生态环境损害赔偿诉讼中关于损害赔偿诉求的内容。

2. 起诉主体。《改革方案》规定国务院授权的省级、市地级政府（包括直辖市所辖区县级政府）及其指定的自然资源、环境保护等相关行政机关均有权提起生态环境损害赔偿诉讼；而最高人民法院《关于审理生态环境损害赔偿案件的若干规定（试行）》进一步明确市地级政府的范围为“设区的市，自治州、盟、地区，不设区的地级市，直辖市的区、县人民政府”。对此，有学者指出上述规范性文件内容并未对例如市地级（包括直辖市所辖区县级）以下政府及其指定的相关部门或机构、农村集体经济组织等诉讼主体资格认定问题予以回应，而在现行《民法典》规范框架内，国家规定的机关或者法律规定的组织均可提起生态环境损害赔偿诉讼，但由于其规定较为概括，在适用上尚存困境，应当对此予以明确。具体而言，应当增设市地级（包括直辖市所辖区县级）以下政府及其指定的相关部门或机构作为诉讼主体，推动农村集体经济组织积极参与生态环境损害赔偿诉讼，并逐步建立“行政机关—环保社会组织—检察机关—农村集体经济组织”四位一体且逐层递进的诉讼主体结构。[1]

3. 归责原则。依据最高人民法院《关于审理生态环境侵权责任纠纷案件适用法律若干问题的解释》第 1 条的规定，生态环境损害赔偿诉讼和环境公益诉讼一样统一适用以违法性为判定依据的过错归责原则，采用“违反国家规定”的客观过错归责路径。在具体责任形式上，生态环境损害责任以生态环境修复责任这一行为责任为中心，生态环境修复责任是优先适用的责任形式；生态环境损害的赔偿损失责任形式只有在生态环境修复责任不能适用时或适用生态环境修复责任还有损失时方能适用。[2]

从司法实践适用的充分性、高效性视角来看，生态环境损害赔偿诉讼的程序制度还应在举证责任、调解制度、救济程序、审级制度等方面予以完善。生态环境损害赔偿诉讼与国家赔偿诉讼

---

〔1〕 罗丽、赵新：《生态环境损害赔偿诉讼主体资格及衔接关系实证研究——以〈民法典〉实施后第 1234 条、第 1235 条适用为视角》，载《河北法学》2023 年第 7 期。

〔2〕 徐以祥：《〈民法典〉中生态环境损害责任的规范解释》，载《法学评论》2021 年第 2 期。

都是针对“赔偿”而提起的诉讼，都是仅就赔偿部分提起的独立的诉讼，区别于一般的关于对行为合法性或责任认定的诉讼，因而在程序的构建完善中可以借鉴国家赔偿诉讼的有关程序。具体设想如下：

一是举证责任。由于损害担责是一项法定义务，所以被告自对生态环境造成损害起，就已经有了对污染治理和生态修复的义务，诉讼通过法律程序将其变成一种法律事实，从而对其履行义务有了法律的强制性。而且有关于被告违法和造成损害的事实已经由相关程序作出认定，所以，起诉人仅需要向法院举证被告不履行生态环境修复或赔偿义务的行为。

二是调解制度。在法院审理生态环境损害赔偿诉讼的过程中，仍然应当允许纠纷主体对纠纷进行协商，通过协商的方式解决纠纷能够让被告更加主动的履行治理义务。因此，在法院作出终审判决前，可以依被告申请或者法院组织调解，当原告的全部诉讼请求能够在调解过程中实现时，可以达成调解并对调解结果制作调解协议。

三是一审终审。借鉴国家赔偿诉讼程序属于特别程序的特点，实行“一决终局”，更加方便快捷地实现赔偿请求人的合法权益。由于生态环境损害赔偿诉讼与国家赔偿诉讼都仅是就“赔偿”（在生态环境损害赔偿诉讼中是生态修复或赔偿的部分）提起诉讼。关于治理义务主体违法和造成生态环境损害的事实已经有其他程序认定，而且政府在提起诉讼之前已经经过磋商未能达成一致，基于环境公共利益保护的紧迫性和赔偿诉讼的事实清楚、证据充分的情况下，可以采用一审终审的审级制度。

四是救济程序。赔偿诉讼采用一审终审制度的情况下，意味着当事人没有上诉的权利。对于当事人认为法院的判决有错误的，可以借鉴审判监督程序的规定，通过构建申诉程序，法院系统自我纠正的程序和检察监督的程序对法院进行监督制约，从而保障当事人的实体权利和程序权利，此处不再赘述。

其他方面，如起诉主体在提起诉讼后不得撤回诉讼请求，起诉主体虽然是赔偿权利人，但是该权利是基于对环境公共利益的保护的权利，它同时也是一项义务。

（二）生态环境损害赔偿诉讼与环境民事公益诉讼的衔接

环境治理纠纷解决机制应当是各制度、程序间相互补充、相互衔接的有机整体。明确生态环境损害赔偿诉讼与环境民事公益诉讼的顺位，可以避免环境治理纠纷解决机制的破碎化、孤立性的问题。生态环境损害赔偿诉讼由政府作为原告，向造成生态环境损害的违法行为单位和个人依法追究生态环境损害赔偿责任。《改革方案》规定国务院授权的省级、市地级政府及其指定的部门或机构均有权对造成生态环境损害的单位或个人提起生态环境损害赔偿诉讼，也鼓励法定机关或符合条件的社会组织依法开展生态环境损害赔偿诉讼。政府及其指定的部门或机构提起诉讼的前提是政府与赔偿义务人的磋商未达成一致，即磋商程序之后才能提起诉讼。由于法定机关和符合条件的社会组织提起生态环境损害赔偿诉讼的顺位未明确，除了政府之外，法定机关和环境 NGOs 提起生态环境损害赔偿诉讼与提起环境民事公益诉讼之间的顺位问题，将影响生态环境损害赔偿诉讼的顺利进行。

根据2018年《检察公益诉讼解释》第13条[1]规定可知，人民检察院在履行检察监督职责中发现破坏生态环境资源、损害社会公共利益的行为，拟提起民事公益诉讼之前必须公告30日，给予足够的时间由法律规定的机关和有关组织提起公益诉讼。在检察机关提起环境民事公益诉讼前检察机关可以督促政府提起诉讼，但并不必然“应当”督促，在这种情况下符合检察机关提起公益诉讼条件的也可以提起环境民事公益诉讼。[2] 但从当前法律规定的情形来看，“法律规定的机关”暂且仅为检察机关。在此之外，检察机关是法律监督机关，对于政府违法或不作为的行为有提出检察建议，监督其纠正或督促其作为的权力。在政府与企业就生态环境损害赔偿磋商未达成一致时，政府及其指定的部门或机构应当及时提起生态环境损害赔偿诉讼。同时，检察机关应当督促其提起诉讼，在一定时限内仍不提起的，符合检察机关提起公益诉讼条件的，检察机关可以直接提起公益诉讼。由于环境NGOs不具有检察机关的法律监督职能，其提起公益诉讼并不是处于补充、兜底的地位，所以，其只要符合起诉条件，便可提起民事环境公益诉讼。民事公益诉讼在与生态环境损害赔偿诉讼程序衔接关系中，应当无先后顺位之分，谁先提起诉讼就适用何种诉讼程序。由于环境NGOs不具有执法权，对有关生态环境

---

〔1〕《检察公益诉讼解释》第13条规定：“人民检察院在履行职责中发现破坏生态环境和资源保护、食品药品安全领域侵害众多消费者合法权益等损害社会公共利益的行为，拟提起公益诉讼的，应当依法公告，公告期间为三十日。公告期满，法律规定的机关和有关组织不提起诉讼的，人民检察院可以向人民法院提起诉讼。”

〔2〕徐盈雁：《在检察环节落实好生态环境损害赔偿制度改革工作——最高检民行厅有关负责人解读〈生态环境损害赔偿制度改革方案〉》，载《检察日报》2018年1月24日。

损害证据的搜集可能存在遗漏，在该情况下政府和检察机关应当以已掌握的相关证据支持环境 NGOs 提起的诉讼。有关顺位问题还需要立法对生态损害赔偿中政府与法定机关的关系予以明确，对磋商未达成一致后的“及时”提起诉讼的期限予以明确。

关于生态环境损害赔偿诉讼与环境公益诉讼的衔接问题，由于现行立法模式的缺陷、法律规范的缺失，导致“两诉”在衔接过程中陷入困境，引发了学界的热议，相关争论主要集中于“两诉”的起诉顺位方面。对此，学界主要存在三种观点，具体阐述如下：

第一种观点认为应当根据“先来后到”的诉讼逻辑予以审理，该观点的依据在于，由于生态环境损害赔偿诉讼属于特殊的环境民事公益诉讼，二者为包含关系，因此生态环境损害赔偿诉讼不存在优先性。在二者发生冲突时，应当根据“先来后到”的诉讼逻辑，以节约司法资源为标准，采取将后诉并入前诉的方式进行处理。[1]

第二种观点在明确生态环境损害赔偿诉讼是一种特殊的环境民事公益诉讼的基础上，认为应当根据生态环境损害后果的不同程度选择不同的诉讼主体。具体而言，主要存在两种模式。一种模式主张将生态环境损害的严重程度作为三类原告起诉顺位的标准，危害涉及面广、结果严重程度高、情况复杂的案件，应采取“行政机关优先，社会组织次之，检察机关补充”的顺位；而损害轻微、影响不大的案件，可采取“行政机关、社会组织不分次

〔1〕 孙洪坤、范雅莉：《生态环境损害赔偿诉讼与环境民事公益诉讼衔接困境及其破解》，载《南京工业大学学报（社会科学版）》2023 年第 5 期。

序，检察机关补充”的模式。同时有种特殊情况需注意：在前述第一类案件中，由于案件的严重性，诉讼往往伴随检察机关对行为人之刑事责任的追究，当检察机关决定追究行为人之刑事责任时，由检察机关提起的刑事附带民事公益诉讼应优先适用。[1]另一种模式则主张应当探索建立“阶梯式的诉讼主体适格制”的运作模式，即充分考量生态环境损害后果的不同程度，选择不同的诉权适格主体：①达到严重损害程度的由政府提起诉讼；②其他较轻的损害则由社会组织提起诉讼；③二者均未提起诉讼时则由检察机关代位诉讼；④对于达到严重损害后果构成犯罪的侵害行为，应前置设立诉前磋商机制，根据磋商结果，决定提起刑事诉讼，或通过提起刑事附带民事公益诉讼的方式予以后续接驳衔接。[2]

第三种观点认为生态环境损害赔偿诉讼具有优先性，应当优先适用。具体而言，该观点认为应当以国家机关或地方政府等行政主体适用环境行政代履行制度和生态环境损害赔偿诉讼“索偿”优先，“符合条件的社会组织”提起民事公益诉讼“索偿”次之，检察机关提起民事公益诉讼为补充。当“两诉”发生冲突时，应当遵循《关于推进生态环境损害赔偿制度改革若干具体问题的意见》的规定以生态环境损害赔偿诉讼为主，环境公益诉讼为辅。[3] 同时，“两诉”关系处理应当遵循以下原则：①生态环

---

〔1〕 林莉红、邓嘉咏：《论生态环境损害赔偿诉讼与环境民事公益诉讼之关系定位》，载《南京工业大学学报（社会科学版）》2020年第1期。

〔2〕 潘牧天：《生态环境损害赔偿诉讼与环境民事公益诉讼的诉权冲突与有效衔接》，载《法学论坛》2020年第6期。

〔3〕 王斐：《环境法典编纂中生态环境损害赔偿诉讼制度的定位与融入》，载《北方法学》2023年第3期。

境损害赔偿诉讼优先，环境民事公益诉讼后位；②生态环境损害赔偿诉讼抓大放小，环境民事公益诉讼兜底补充；③避免重复，统筹安排，协同处理，可探索“诉前公告”和“共同起诉”，无论何种类型的环境公益诉讼，在正式起诉前都应广而告之，通知可能的潜在利益方和感兴趣的公众，在起诉阶段充分吸收各方诉求，适格主体可作为共同原告一并诉讼，一案处理，避免同一案件反复诉讼的混乱。〔1〕此外，就“两诉”发生冲突时，是否应当采用中止审理的方式来化解冲突的问题，该观点认为中止审理的不确定性将严重影响社会组织提起环境民事公益诉讼的积极性，不应当采取中止审理的方式，而应当设置明确的起诉顺位。具体而言，由于地方政府数量庞大且具有稳定经费来源，能够更有效地救济环境公共利益，因此，对于诉讼范围重叠的部分，政府应当行使优先起诉的权利，明确政府提起的生态环境损害赔偿诉讼优先于环境民事公益诉讼。〔2〕

基于以上三种观点的分析可知，即便是对生态环境损害赔偿诉讼的法律属性秉持着同一种认识的学者，对其与环境公益诉讼衔接规则的构建同样存在差异。第一种观点认为生态环境损害赔偿诉讼是环境民事公益诉讼的子类型，由此认为应当按照“先来后到”的诉讼逻辑予以审理，将后诉并入前诉，以节约司法资源。该观点将“两诉”混为一谈，忽视了生态环境损害赔偿的

---

〔1〕巩固：《生态环境损害赔偿诉讼与环境民事公益诉讼关系探究——兼析〈民法典〉生态赔偿条款》，载《法学论坛》2022 年第 1 期。

〔2〕浙江省湖州市中级人民法院与中国人民大学法学院联合课题组、李艳芳：《生态环境损害赔偿诉讼的目的、比较优势与立法需求》，载《法律适用》2020 年第 4 期。

特殊性，不利于充分发挥生态环境损害赔偿诉讼在生态环境保护方面专业性强、效率高的优势。第二种观点对生态环境损害赔偿诉讼法律属性的认识与第一种观点相同，认为其是一种特殊的环境民事公益诉讼，区别在于对衔接规则构建认识的不同。其认为应当根据生态环境损害后果的不同程度选择不同的诉讼主体。该观点忽视了生态环境损害赔偿诉讼所具有的独立地位和独特优势，生态环境损害赔偿诉讼由于其专业性强、效率高的特点应当成为处理生态环境损害赔偿案件的优先选择，环境民事公益诉讼在此主要起到的是补充作用。第三种观点在秉持着生态环境损害赔偿诉讼是一种新型的、特殊的环境诉讼类型的基础上，认为在“两诉”衔接规则构建的问题上，应当强调生态环境损害赔偿诉讼的优先性，以生态环境损害赔偿诉讼为主，环境公益诉讼为辅。这种衔接安排能够最大程度发挥生态环境损害赔偿诉讼的优势，及时高效地解决生态环境治理纠纷，节约司法资源，保障司法质量，应是“两诉”衔接规则构建的应然之举。

【案例】

上海市奉贤区生态环境局诉童某等生态环境损害赔偿诉讼案（2021）沪 03 民初 31 号

基本案情：被告童某等人在未取得电镀行业资质、未进行环评的情况下，违法从事金属零件电镀业务，并将电镀产生的含镍废水直接排入事先挖掘好的渗井内，造成环境严重污染。奉城镇政府立即委托应急救援单位对镍污染河水和案涉场地电镀废液进行应急处置，并开展鉴定评估、生态修复等工作，支出费用 6712571 元。上海市奉贤区生态环境局经奉贤区人民政府指定，负责本案生态环境损害索赔工作，在与被告童某等人生态环境损害赔偿磋商无果后，依法提起生态环境损害赔偿诉讼。

法院经审理认为，被告童某等人违法从事电镀镀镍业务并将电镀含镍废水直接排入渗坑和渗井，造成环境污染损害，事实清楚，证据充分，应当就案涉环境损害承担民事侵权责任。依据《中华人民共和国民法典》第1234条，法院判决童某等人连带赔偿原告上海市奉贤区生态环境局镍污染河水应急处置费、废弃电镀废水应急处置费、环境损害鉴定评估费、招标代理费、修复工程费、环境监理费、修复效果评估费等费用。

理论实践意义：本案例是最高人民法院发布的优秀案例，也是适用《民法典》审理生态环境损害赔偿诉讼的首案。

原告资格。根据《生态环境损害赔偿管理规定》第26条的规定，磋商未达成一致的，赔偿权利人及其指定的部门或机构，应当及时向人民法院提起诉讼。本案中，原告奉贤生态局系经奉贤区人民政府指定，开展涉案生态环境损害索赔工作，在磋商无果的情形下，有权提起生态环境损害赔偿诉讼，依法具有原告主体资格。

诉前磋商程序。根据《生态环境损害赔偿管理规定》的相关条款，在生态环境损害发生后，赔偿权利人及其指定的部门或机构应当及时进行损害调查，并及时启动磋商程序，在磋商无果后，方可提起生态环境损害赔偿诉讼。本案中，原告奉贤生态局已经开展了磋商，但因被告童某等人不同意赔偿而磋商无果，故原告提起生态损害赔损诉讼的磋商前置程序已经完成。

修复责任。本案中法院依法判决被告赔偿原告上海市奉贤区生态环境局各类生态环境修复费用，承担相应的环境侵权赔偿责任。

本案中生态环境损害赔偿诉讼制度充分发挥了其对环境污染的救济功能，也体现了其对磋商机制的补充作用。政府在与赔偿义务人磋商无果后，及时通过生态环境损害赔偿诉讼追究了污染者的环境侵权责任，解决了“政府买单”的困局，真正落实了损害担责原则。

理论探讨：生态环境损害领域是否适用惩罚性赔偿制度？

关于生态环境损害赔偿中是否包括惩罚性赔偿，学界产生较大分歧，相关学者主要从以下几个方面作出回应：一是刘长兴教授从制度功能来看，环境侵权惩罚性赔偿仍属于私法制度，同时有一定公法属性；生态环境损害惩罚性赔偿责任实质上是行政法律责任，仅具有民法制度的形式，相关规则的完善应当基于其公法定位展开。〔1〕二是王利明教授从文义解释和体系解释两个视角分析，认为“被侵权人”这一表述指向于特定的主体，在公益诉讼中没有特定的被侵权人；惩罚性赔偿的规定置于公益诉讼之前，并不包含于生态环境损害赔偿内，因此，惩罚性赔偿不适用于公益诉讼。〔2〕三是王树义教授认为环境侵权惩罚性赔偿本质上为私人执法，从法理上讲，在环境民事公益诉讼中判决惩罚性赔偿缺乏依据，且会造成重复性惩罚，惩罚性赔偿尚不适宜纳入环境民事公益诉讼之中。《民法典》第1234条和第1235条规定的生态环境损害赔偿金的范围并不包括惩罚性赔偿，而且，作

〔1〕刘长兴：《环境损害惩罚性赔偿的公法回应》，载《政治与法律》2023年第10期。

〔2〕王利明：《〈民法典〉中环境污染和生态破坏责任的亮点》，载《广东社会科学》2021年第1期。

为生态环境损害赔偿诉讼主体的国家规定的机关或者法律规定的组织也无取得惩罚性赔偿金的正当性。[1] 四是我国环境公益诉讼和生态环境损害赔偿诉讼、刑事制裁、行政处罚等手段，能够发挥着惩罚、威慑、吓阻等功效，无须在生态环境损害领域引入惩罚性赔偿制度。[2] 也有学者认为，生态环境侵权惩罚性赔偿应当确立和践行“公益审慎、私益扩张”的二元适用原则，并通过实体层面的过错要件、赔偿基数的二元重塑与关联责任统筹。[3] 相关学者对于惩罚性赔偿制度的完善主要从主观“故意”的理解、惩罚性赔偿资金的计算、归属、管理及履行规则等方面展开。[4]

---

〔1〕 王树义，龚雄艳：《环境侵权惩罚性赔偿争议问题研究》，载《河北法学》2021年第10期。

〔2〕 陈学敏：《环境侵权损害惩罚性赔偿制度的规制——基于〈民法典〉第1232条的省思》，载《中国政法大学学报》2020年第6期。

〔3〕 何江：《生态环境侵权惩罚性赔偿的二元性展开》，载《法商研究》2023年第6期。

〔4〕 罗丽、王耀伟：《生态环境侵权惩罚性赔偿的适用问题研究》，载《大连理工大学学报（社会科学版）》2024年第2期；刘玖林：《论生态环境侵权惩罚性赔偿中的“故意”》，载《新疆社会科学》2024年第2期。

第六章　生态环境治理纠纷解决机制之环境公益诉讼

环境公益诉讼在主体、目的、功能和请求范围上突破了传统诉讼的认识，将无直接利益关系的检察机关和环境 NGOs 作为起诉主体；将损害环境公共利益或造成重大环境损害风险的行为纳入诉讼的范围，对环境治理主体在治理过程中的行为加以约束，对纠纷具有预防和补救功能；突破传统环境诉讼着重于维护当事人的人身和财产利益的诉讼目的，将维护环境公共利益和生态环境本身作为诉讼的目的，进而保障社会中每个成员所应享有的生态环境的合法权益。

一、环境公益诉讼的界定

（一）环境公益诉讼的诉权理论

行动的理论是行动的先导，没有行动的理论就没有行动本身。诉权理论是诉讼相关活动的先导。环境诉讼实践、环境诉讼立法乃至实体法的完善都依赖于环境诉权理论的发展。诉权，又称为判决请求权或者司法保护请求权，是当事人向法院提起诉讼，请求法院启动诉讼程序，以审判方式保护其合法权益的权利。[1] 诉讼及诉权关涉的法律可分为实体法和程序法，而诉权究竟是扎根于实体法还是程序法，需要以实体法与程序法两者的关系究竟是相互独立、彼此平行，还是有主次之分的判断为前提。传统诉权理论认为诉权是实体权利的请求权，是实体权利在程序法上的延伸。这一理论是建立在程序法附属于实体法的关系基础上，实体法的权利成为诉讼提起的前提。这就意味着只有实体法上的权利受到侵害或威胁的事实，才能行使诉权。如此，就形成了实体权与诉权一一对应的机械关系，这不仅要求诉权的行使在内在本质上要以实体权为依据，请求范围也应以所享有的实体权利的范围为依据。[2] 随着社会发展中利益的多元化和公共利益保护的需要，现代诉权建立在实体法与诉讼法划分的情况下，诉权理论出现以诉的利益为基础的诉权和实体权分离的倾向，如果起诉人提起诉讼能够产生其主张的利益联系，则认为其享有诉权。即诉讼以诉的利益为基础，不但现实的损害能够获得司法救济，而且潜在的损害也可以得到保护。

环境诉权是指基于环境侵害、环境破坏或者环境侵害危险的事实，具有环境权益的特定主体为维护自身的合法权益，提起和参与环境诉讼程序及其相对方参加环境诉讼程序，并要求人民法院对纠纷作出裁判的权利。环境诉权的发展与传统的诉权相比，具有独特的特征。一是程序上环境诉权双方当事人的

---

〔1〕 叶榅平：《传统使命的现代转型：诉权保障理念、制度与程序》，法律出版社 2016 年版，第 1 页。

〔2〕 冯敬尧：《环境公益诉讼的理论与实践探析》，载《湖北社会科学》2003 年第 10 期。

诉权不完全对等，原告有起诉权，但被告不享有反诉权。二是举证责任主要由被告承担。[1] 环境诉权的本质主要表现在以下几方面：①环境诉权是诉讼法上的权利，而不仅仅是实体环境法的权利。《民事诉讼法》和《行政诉讼法》先后确立了对环境公共利益损害的公益诉讼救济方式，赋予检察机关和符合条件的环境 NGOs 以诉讼主体资格，享有环境诉权。②环境诉权只能向具有环境审判权的法院行使。环境诉权行使是以环境诉讼制度为基础，环境诉权是在国家建立了环境诉讼制度的基础上赋予公民的公法上的权利，因而环境诉讼当事人的环境诉权只能向法院行使，由法院审查是否适格。③环境诉权包括程序和实体两方面的含义。环境诉权应当是统一不可分割的，虽然一元诉权论在对统一的诉权分为程序和实体含义上两个层面的诉权方面没有阐述清楚，但是对于诉权具有统一性的论断是值得肯定的。虽然诉讼的双方都请求法院做出利己判决，但是完整的诉权只能由一方当事人享有，因为只有一方能够获得胜诉。

（二）环境公益诉讼的特征

诉讼根据其标的所涉及的利益性质可以划分为私益诉讼和公益诉讼，环境治理中的纠纷涉及的利益性质为公共利益，需要通过环境公益诉讼来满足对环境公共利益的保护。与公益诉讼相对而言的是私益诉讼，公益诉讼并不等于公诉，相对于公诉而言的私诉也不等于私益诉讼，私诉是由受害人或利害关系人对他人对其实行的加害行为或违法行为损害其合法权益，而向法院提起的

---

〔1〕 蔡维力：《环境诉权初探》，中国政法大学出版社 2010 年版，第 135 页。

诉讼，私诉的本意是保护私益，所以私益诉讼也常以私诉形式出现。[1] 环境公益诉讼突破了传统诉讼在诉讼主体和利益性质范围的约束，我国民事诉讼法及相关司法解释规定环境民事公益诉讼的起诉主体为检察机关和符合条件的环境 NGOs，而私益诉讼的主体是直接利益关系人。环境公益诉讼相对于传统诉讼的显著特点主要表现在以下方面：

1. 环境公益诉讼的目的在于保护环境公共利益

环境公共利益作为社会系统中独立的利益，区别于社会成员的个体利益，环境公共利益不是个体成员环境利益的总和。由于环境的负外部性和信息不对称，导致市场经济背景下，个人环境利益的满足并不等于整个社会环境公共利益得到保护，也就是说对个人而言是有利的事情，可能对公共利益而言是灾难性的后果。传统的民事诉讼是私人主体间为维护私人利益的目的提起诉讼，行政诉讼也是基于行政违法行为对自身权益的损害而提起的诉讼，其权益性质具有私益性。环境公益诉讼的目的不是对私益的保护，其目的更多在于维护公共的生态利益和环境本身，维护法律的尊严和环境的正义。

2. 具有预防生态环境损害、补救损害的功能

生态环境的损害具有不可逆性，对于受损的生态环境的修复往往要耗费巨大的成本，甚至会造成不可挽救的结果，所以对于环境公益诉讼的提起不能仅以损害事实的发生为要件，而是有证据证明存在生态环境损害潜在性风险的就应该可以提起诉讼。我国《环境民事公益诉讼解释》第 1 条，开篇明义对环境民事公益

---

〔1〕 邓一峰：《环境诉讼制度研究》，中国法制出版社 2008 年版，第 107 页。

诉讼的提起要件规定“对已经损害社会公共利益或者具有损害社会公共利益重大风险的污染环境、破坏生态的行为提起诉讼”。因而，环境公益诉讼的提起并不仅以生态环境受到实际的污染或破坏为要件，当行为可能导致生态环境损害的危险发生时，就可以提起诉讼。这体现出环境公益诉讼的预防性功能，其不仅解决实际发生的环境治理纠纷，也对即将发生的环境治理纠纷进行预防，从而实现环境公共利益和生态环境保护的更深层次的终极目的。

3. 环境公益诉讼的适格主体扩展

环境公益诉讼中适格主体的扩展主要在于原告范围的扩大。传统诉讼中诉讼对弈双方是具有直接利害关系的主体，在环境公益诉讼中原告主体既可能是直接受到违法行为侵害的直接利害关系主体，也可以是未受到违法行为侵害的非直接利益关系主体。根据我国相关法律的规定，环境民事公益诉讼的起诉主体为检察机关和符合条件的环境 NGOs。环境行政公益诉讼仅赋予检察机关提起诉讼的权力。生态环境损害赔偿诉讼虽然尚未得到实定法的明确，但是从《改革方案》的规定来看，其突破了检察机关和环境 NGOs 的诉讼主体资格限制，将省、市地级政府作为起诉主体。

4. 诉讼请求范围更加宽泛

传统的环境侵权诉讼的诉讼请求范围主要是对造成的人身、财产损害的赔偿，忽视了对生态环境本身损害的救济，私益诉讼也难以实现对生态环境损害的救济。环境公益诉讼以环境公共利益为基础，对造成生态环境本身的损害提起诉讼，其请求范围可以是停止侵害、排除妨碍、消除危险、恢复原状、赔偿损失、赔礼道歉等。可见，基于生态环境的特性而提出的诉讼请求范围比传统的私益环境侵权诉讼的诉讼请求范围更加宽泛。

（三）三审合一模式下的环境公益诉讼

传统上，法院内法庭的设置主要以案件的性质划分，包括刑事审判庭、民事审判庭、行政审判庭。随着案件涉及的法律关系的复杂性和多元性，传统的组织机构设置对节约审判资源、提高审判效率和质量的要求形成障碍，因而不断出现少年法庭、巡回法庭等改革。环境法庭也是对有关环境的纠纷解决的探索中形成的，但环境资源法庭在审理环境治理纠纷的过程中仍然存在制度上的障碍需要解决。由于生态环境污染或破坏呈现出特殊性，一是可能造成跨行政区域的污染，二是对于生态环境污染或破坏的诉讼涉及刑事、民事、行政领域。基于以上两方面的特点，在生态环境资源损害案件审判工作的探索中，通过建立专门的环境法庭对生态环境资源案件进行集中管辖，可以实现统一审判标准、统一裁量尺度；提高审判的专业化程度，提高审判质量和效率、确保法律效果和社会效果的统一；打破环境资源诉讼的地方保护等目的。截止到 2018 年 9 月，各级人民法院设立环境资源审判专门机构 1040 个，其中 22 家高级法院、105 家中级法院、258 家基层法院设立了环境资源审判庭。[1] 环境法庭建立后最基本的模式就是刑事、民事、行政等案件的“三审合一”或“多审

〔1〕数据来源：《交答卷议改革展愿景——第二次全国法院环境资源审判工作会议综述》，载《人民法院报》2018 年 11 月 23 日第 4 版。

合一”（由于实践中常提及的为“三审合一”，后文也用该词指代这一类模式），打破传统诉讼中以刑、民、行案件为划分标准的审判庭设立模式。

根据地域管辖的划分，有些省份成立了跨区域环境法庭，实行环境案件的跨区域集中审理。如湖南法院建成了湘江、洞庭湖、东江湖等三个专门环境资源法庭，推进设立跨行政区划管辖的专门化审判机构。通过形成“1+3+X”跨区域集中管辖审判格局，即省高院环境资源庭统筹指导，长沙、岳阳、郴州等3个以山脉区域、江河湖区为依托跨区域管辖的中级法院环境资源庭为骨干，对应“河长制”和其他地理区域的若干专门环境资源审判法庭为基础，组成“1+3+X”环境资源跨区域集中管辖专门化审判体系。长江经济带11省市和青海省共12家高级法院签订《长江经济带11+1省市高级人民法院环境资源审判协作框架协议》，开展京津冀、长江流域环境资源审判协作。[1] 跨行政区域环境法庭的设立，主要以审理环境公益诉讼为主，尤其是对于流域性的污染进行专门性的打击。

环境法庭“三审合一”的模式把环境资源案件涉及的刑事、民事、行政审判集中进行，这其中不仅有环境公诉也有环境私诉，有环境公益诉讼也有环境私益诉讼，即存在传统的诉讼与公益诉讼同案审理的情形。前文对传统诉讼与环境公益诉讼的本质性差异进行了分析，其所适用的主体范围、诉讼程序、请求权范

〔1〕《人民法院环境资源审判保障长江经济带高质量发展典型案例新闻发布会》，载中华人民共和国最高人民法院网站，http://www.court.gov.cn/zixun/xiangqing/132661.html，最后访问日期：2024年11月20日。

围等都存在区别。当“三审合一”中的刑事、民事、行政都为传统的诉讼时，即分别由检察院提起刑事诉讼、私法主体提起民事私益诉讼、行政相对人提起行政诉讼，其尚难实现环境治理纠纷解决。当“三审合一”模式中引入环境公益诉讼时，对环境治理纠纷的解决除了因诉讼程序、时限的不同而导致诉讼协调的难度加大之外，还存在以下情形：

一是当刑事诉讼、环境民事公益诉讼同案审理时，传统的“先刑后民”的原则是否仍然适用。该情形涉及到在“三审合一”模式下，同案审理时诉讼程序是否仍然有先后顺位的问题。诉讼程序对环境治理纠纷的解决不止于法院判决中对相关主体治理责任的认定，更在于最终实现对环境公共利益的保护和生态环境的修复。若以先刑后民的顺位原则，当事人在面对已经作出的刑事判决时，其已经失去人身自由或者因此企业已经无法正常运转的情况下，完全可能存在拖延或拒绝履行甚至无视环境民事公益诉讼作出的裁决，完全不在乎对损害的赔偿或者对生态环境的修复，导致无法真正实现环境治理纠纷的解决。在此情况下，应当先对环境民事公益诉讼进行裁决，要求被告及时履行，并且可以通过减轻刑事处罚的方式激励被告积极承担生态环境损害的修复或赔偿责任，如此不仅能实现对被告的刑事惩罚，也有助于实现环境公共利益和生态环境保护的终极目的。

二是当生态环境损害赔偿诉讼与行政公益诉讼同案审理时，检察机关作为起诉主体，对于政府在行政管理过程中存在行政违法或不作为的情形，导致生态环境损害的发生或者损害结果的扩大的情况，是否作为生态环境损害赔偿诉讼中责任划分的依据之一？我国当前的诉讼体制中，对政府及其行政管理部门在环境执法中违法或不作为造成环境公益损害或者导致严重污染后果的情形，经检察建议督促其纠正无果后，检察机关可以提起环境行政公益诉讼。但是该诉讼仅是为了实现督促和纠正政府的行政行为的目的，对于政府承担何种责任并未予以明确。而当生态环境损害赔偿诉讼与行政公益诉讼同案审理时，也许能够明确政府的行政行为对生态环境损害所应承担的责任。在生态环境损害赔偿诉讼中，对被告损害赔偿责任的认定应当综合考虑政府行政违法或不作为的因素对生态环境损害的影响，才能实现对生态环境损害赔偿诉讼审判的公平公正。如此才能发挥“三审合一”模式在环境治理纠纷解决中的积极作用，提高审判的效率和质量。

三是对处于生态环境损害赔偿磋商过程中的案件，基于“三审合一”的要求，检察院在提起刑事诉讼时是否仍然应当提起环境民事公益诉讼。生态环境损害赔偿制度将政府与造成生态环境损害的主体间的磋商作为诉讼的前置程序，即必须经过磋商且不能达成赔偿协议后方能提起生态环境损害赔偿诉讼。但是对于环境民事公益诉讼，磋商并非其前置程序，所以可能存在磋商和环境民事公益诉讼同时进行的情况，但是若在磋商的过程中能够提起环境民事公益诉讼，则磋商制度存在的正当性会受到冲击。因此，在磋商程序中的案件，不应当再提起环境民事公益诉讼。当磋商未达成赔偿协议，且政府不及时提起生态环境损害赔偿诉讼的，检察院方可提起环境民事公益诉讼，因为检察机关的检察监督职能意味着其具有兜底的特性，应该先行督促政府履行相关职责。

二、环境公益诉讼域外考察

随着公民环境意识的觉醒，越来越多的社会公众、环境NGOs希望通过法律手段参与到环境治理的过程中，尤其是环境治理纠纷的解决过程中。而社会公众提起环境公益诉讼，是其参与国家事务管理的新途径。

（一）美国环境公民诉讼

美国环境公民诉讼制度在1970年颁布的《清洁空气法》中得到正式确立，并在随后陆续颁行的单行法中出现环境公民诉讼条款。美国公民诉讼并不仅仅指美国公民。由于美国环境保护法出于控制污染、加强环境执法和改善人类生存环境的目的，对起诉主体规定的相对宽泛，它是指因发生环境侵害，任何人都可以以自己的名义提起环境公民诉讼，包括任何个人、社会团体、企业和其他法律实体，也包括州政府。在公民诉讼制度执行过程中，环境保护团体作为原告提起的诉讼占全部公民诉讼的绝大多数，因为，美国的团体被视为公民的自然延伸。但这并不意味着任何人在任何情况下都有资格成为原告，一是联邦政府不能成为环境公民诉讼的起诉主体，二是判定原告主体适格有三个条件：受到具体的、特别的、区别于一般民众的实际损害，该损害应当合理的归因于被告的行为，该损害具有诉的利益。[1] 环境公民诉讼的被告也可以是任何人，只

〔1〕 参见别涛主编：《环境公益诉讼》，法律出版社2007年版，第95页。

要其违法排放、成为污染源就可以成为被告，包括个人、企业、社会团体、政府组织和其他法律实体，而且当环保署长或者秘书长被指控为未能实施环保法所赋予的非自由裁量的行为或者职责时，也可以成为被告。由此可知，环境公民诉讼的诉因主要是环境妨害，主要体现为违反污染防治义务的侵害行为和环保官员的不作为两类。

美国环境公民诉讼制度为了防止诉讼可能对主管机关的执法活动造成不当影响或者造成法院负担的不当增加，在有关范围和程序上作出了限制性规定：①当州政府或者环保署长已经开始诉诸联邦或州法院采取民事或刑事措施迫使污染者遵守法定要求时，不得提起环境公民诉讼。②对环保署长和秘书长提起环境公民诉讼只能是针对其法定的非裁量行为或者义务，除非法院认定其存在滥用自由裁量权的事实才受理诉讼。③环境公民诉讼提起前，应当提前60日告知即将被起诉的主体，经过60日后，如果被告知者已经改正环境违法行为或者与告知人达成和解，就无需提起诉讼；如果被告知者仍然继续环境违法行为或者违反和解约定，才能正式提起诉讼。[1]

综上，美国公民诉讼将我国分属于环境民事公益诉讼和行政公益诉讼的类型统一到公民诉讼制度中，如此做法可以减少诉累和减少因为程序衔接问题而带来的诉讼冲突。其中对州政府或环保署长已经对污染者提起民事或刑事诉讼的，其他主体不得提起环境公民诉讼，即对诉讼的顺位作出规定。环境公民诉讼中的事先告知程序对我国环境民事公益诉讼具有重要借鉴意义。

---

〔1〕 蔡维力：《环境诉权初探》，中国政法大学出版社2010年版，第53页。

（二）德国环保非政府组织诉讼

德国环保非政府组织诉讼制度的形成经历了一个“自下而上”的过程。在德国，赋予非政府组织提起公共利益诉讼的原告资格的规定先见于各邦或州的地方立法中，但各地都对该诉讼的起诉施加了一定限制，环境保护的非政府组织仅能够依据《联邦自然保护法》第 61 条的规定就环境公益问题提起诉讼。环境非政府组织中具有公益诉讼原告资格的只能是经历安邦环境、自然保护和核安全部认可的组织以及州认可的组织。一切个人和环保非政府组织以外的社会组织都不能成为有起诉资格的主体，无权提起环境公益诉讼。根据第 61 条第 1 款规定，环保非政府组织提起的诉讼“无需其权利受到侵犯”的情况下也能成为诉讼的原告，即可以明确的肯定诉讼在性质上属于公益诉讼。德国的环保非政府组织诉讼是在行政法院进行，起诉的对象是行政行为，包括环境保护不作为和影响环境景观的行政决定，即环保非政府组织提起的公益诉讼是行政性质的公益诉讼。德国将环境非政府组织作为环境行政公益诉讼的起诉主体的规定值得我国借鉴，如此有利于公众参与环境治理纠纷的解决。

（三）法国环保协会诉讼

在法国，公益诉讼主要由社会组织提起。1906 年 12 月 21 日，法国最高行政法院颁布法案，承认了协会具备独立的诉讼利益，赋予其针对行政行为提起诉讼的权利；随后，1976 年颁布的《自然保护法》第 40 条正式规定了环保协会有权提起与其职责相关的诉讼；20 世纪末至 21 世纪初期，伴随着法国环境立法法典编纂工作的开展，环保协会的诉权最终被规定在法国《环境法典》第 L. 141-1 至第 L. 142-4 条。至此，法国由环保协会提起环境公益诉讼的制度得到了系统规定。

根据《环境法典》的规定，法国环境保护协会既有权向行政法院提起行政诉讼，亦有权向司法法院提起民事诉讼。同时，法国环境立法对环保协会的起诉资格予以了放宽，不仅事先获得国家认可的协会享有推定的诉讼利益，可以提起诉讼，而且即便是事先未获得承认的协会，只要其社会宗旨的书面表达符合诉讼利益，亦可在满足前提条件的情况下获得诉讼资格。前提条件是，未获得事先认可的协会至少需要在争议事由发生之日起的 5 年内按时进行申报（法国《环境法典》第 L. 142-2 条第 2 款）。[1] 此外，就诉讼对象而言，法国环保协会不但可以起诉污染企业，还可以针对国家政府在环境保护方面的不作为予以诉讼。这极大地扩大了法国的社会组织在环境公益诉讼中的影响力，推动社会组织积极投身的社会活动转变成“法治事业”。[2]

法国放宽社会组织起诉资格的做法值得我国借鉴，借此可以最大程度地促进社会公众参与环境治理，推动环境保护领域的多元化治理，从而充分发挥我国环境公益诉讼制度的效能。

---

〔1〕 朱莉·库尔图瓦、莫婷婷：《诉讼中的环境利益呈现——以中法比较为视角》，载《法治社会》2023 年第 6 期。

〔2〕 Robert N. Stavins: Vintage-Differentiated Environmental Regulation, Stanford Environmental Law journal, 2006 Vol. 25.

三、环境公益诉讼解决生态环境治理纠纷的适用

环境治理纠纷解决中环境公益诉讼与现行法律、司法解释规定的诉讼请求范围有所不同，尤其是环境民事公益诉讼，不是对已经损害社会公共利益或者具有损害社会公共利益重大风险的污染环境、破坏生态的行为和责任的认定，而是检察机关和环境NGOs基于监督治理义务的履行而对已经明确需要承担上述责任的主体提起的诉讼。环境民事公益诉讼与环境行政公益诉讼对环境治理纠纷的解决各有其目的，因而必须逐一予以阐述。

（一）环境民事公益诉讼对生态环境治理纠纷的解决

在生态环境问题得到广泛关注和环境公共利益愈发得到重视的背景下，我国民事私益诉讼和刑事诉讼对环境公共利益救济能力的缺失，要求有专门的公益诉讼制度来解决涉及环境公共利益的纠纷。2012年修改的《民事诉讼法》确立了民事公益诉讼制度，填补了公共利益维护方面的立法空白，为司法机关受理民事公益案件提供了法律依据。《环境保护法》在环境民事公益诉讼制度的主体范围、责任承担方式等方面做出严格规定。

我国的环境民事公益诉讼制度在《民事诉讼法》第58条第1款规定："对污染环境、侵害众多消费者合法权益等损害社会公共利益的行为，法律规定的机关和有关组织可以向人民法院提起诉讼。"民事环境公益诉讼的起诉主体被规定为法定机关和符合条件的社会组织，从我国现有的规定来看，法定机关暂时仅为检察机关；符合条件的社会组织是设区的市级以上人民政府民政

部门登记的社会团体、民办非企业单位以及基金会，从事环境业务活动5年以上且无违法记录的组织。2015年《环境民事公益诉讼解释》规定，提起环境民事公益诉讼的对象是已经损害社会公共利益或者具有损害社会公共利益重大风险的污染环境、破坏生态的行为。因而，检察机关或环境NGOs提起公益诉讼是请求法院对被告“具有损害社会公共利益或者具有损害社会公共利益重大风险的污染环境、破坏生态的行为”予以认定，是对其损害行为和造成损害结果的证明过程，以及在对其造成损害结果的基础上的责任认定过程。如此，通过提起该类诉讼请求的诉讼并不能实现环境治理纠纷的解决，而是确定相关责任主体及其承担的责任。

环境治理纠纷解决中，环境公益诉讼是对已经负有治理责任和规定了相应责任承担方式的义务人，对其通过相应的方式承担责任的过程中的行为和结果的监督，其仍然是具有公益性质的诉讼。环境民事公益诉讼主要是由检察机关和环境NGOs监督和督促具有环境治理义务的主体履行治理义务，通过生态修复或赔偿、停止侵害、赔礼道歉等责任承担方式进行解决。其与现有法律规定的环境民事公益诉讼的请求内容有所不同，它是社会公众监督环境治理主体履行治理义务从而成为纠纷解决的方式。虽然在提起诉讼的请求内容上与现有法律规定不同，但是适用环境民事公益诉讼程序上并不存在冲突。

由于环境治理的纠纷解决更重要的是实现治理义务主体对义务的履行，保护环境公共利益。因此，在检察机关或环境NGOs对具有治理义务的市场主体提起环境民事公益诉讼之前，可以借鉴美国环境公民诉讼中的事先告知程序。在检察机关或环境

NGOs 提起诉讼之前，应当提前 60 日向即将成为被告的治理义务主体发出通知，如果在 60 日内相关治理义务主体已经继续履行义务或者与检察机关或环境 NGOs 达成和解，确保继续履行义务的，可以无需提起诉讼。如果在 60 日后，仍然不履行治理义务或者违背和解协议的，则正式提起诉讼。但其中有例外的情形，即对于具有毒性或者其他紧急的情况，为争取诉讼的时间，可以免除告知程序直接提起诉讼。

关于检察机关或环境 NGOs 向具有治理义务的市场主体提起诉讼的顺位问题，若政府已经进入磋商程序或者已经提起生态环境损害赔偿诉讼的，检察机关或环境 NGOs 不得再提起环境民事公益诉讼。

【案例】

中国生物多样性保护与绿色发展基金会环境污染责任纠纷案（2016）最高法民再 47 号

基本案情： 瑞泰公司在生产过程中违规将超标废水直接排入蒸发池，造成腾格里沙漠严重污染，中国生物多样性保护与绿色发展基金会（以下简称“绿发会”）为维护社会公共利益，遂依据《民事诉讼法》第 55 条（现第 58 条）、《环境保护法》第 55 条等法律的规定向法院提起环境民事公益诉讼。

一审法院经审理认为绿发会的宗旨与业务范围虽然是维护社会公共利益，但其章程中并未确定该基金会同时具备《环境民事公益诉讼解释》第 4 条规定的“从事环境保护公益活动”，且该基金会的登记证书确定的业务范围也没有从事环境保护的业务，故绿发会不能被认定为《环境保护法》第 58 条规定的“专门从事环境保护公益活动”的社会组织。遂裁定对绿发会的起诉不予受理。

绿发会不服一审法院的民事裁定，向上级法院提起上诉。绿发会辩称一审法院未能正确理解“环境”及“环境保护”的概念，从而错误得出绿发会宗旨和业务范围没有“从事环境保护公益活动”的结论。上诉请求：（一）撤销一审裁定；（二）依法受理绿发会的起诉。二审法院认为则认为绿发会的上诉不符合《环境保护法》第 58 条和《环境民事公益诉讼解释》第 4 条、第 5 条的规定，上诉理由不能成立。遂裁定驳回绿发会的上诉，维持一审裁定。

绿发会不服二审裁定，向最高人民法院申请再审。经审理，最高人民法院认为本案系社会组织提起的环境污染公益诉讼，案件焦点为绿发会是否系专门从事环境保护公益活动的社会组织。对此，应重点从绿发会的宗旨和业务范围是否包含维护环境公共利益，是否实际从事环境保护公益活动，以及所维护的环境公共利益是否与其宗旨和业务范围具有关联性等三个方面进行审查。

第一，绿发会章程规定的宗旨和业务范围是否包含维护环境公共利益。对此，法院认为本案中绿发会章程中的相关规定契合绿色发展理念，亦与环境保护密切相关，属于维护环境公共利益的范畴，故应认定绿发会的宗旨和业务范围包含维护环境公共利益内容。

第二，绿发会是否实际从事环境保护公益活动。对此，法院认为本案中绿发会自 1985 年成立以来长期实际从事包括举办环境保护研讨会、组织生态考察、开展环境保护宣传教育、提起环境民事公益诉讼等环境保护活动，符合《环境保护法》第 58 条关于社会组织从事环境保护公益活动应五年以上的规定。

第三，本案所涉及的社会公共利益与绿发会宗旨和业务范围是否具有关联性。对此，法院认为由于本案环境公益诉讼系针对腾格里沙漠污染提起，复杂而脆弱的沙漠生态系统需要人类的珍惜利用和悉心呵护。绿发会作为环境保护组织，起诉认为瑞泰公司将超标废水排入蒸发池，严重破坏了腾格里沙漠本已脆弱的生态系统，应当认为所涉及的环境公共利益之维护属于绿发会宗旨和业务范围，二者具有关联性。

理论实践意义：本案系最高人民法院发布的指导案例，就《环境保护法》第 58 条以及《环境民事公益诉讼解释》第 4 条规定的环境公益诉讼原告主体资格相关法律适用问题，确立、细化了裁判规则和裁判标准，具有重要的指引和示范作用。

首先，该案例明确了社会组织“专门从事环境保护公益活动”的判断要件。本案中，最高人民法院认为对于社会组织是否符合“专门从事环境保护公益活动”条件，应重点从其宗旨和业务范围是否包含维护环境公共利益、是否实际从事环境保护公益活动，以及所维护的环境公共利益是否与其宗旨和业务范围具有关联性等三个方面进行审查。其中，“宗旨和业务范围包含维护环境公共利益”为形式要件，“从事环境保护公益活动”为实质要件，“环境公共利益与其宗旨和业务范围具有关联性”为关联性要件。

其次，本案裁定进一步明确了上述三个要件的判断标准。第一，就“宗旨和业务范围包含维护环境公共利益”这一形式要件而言，最高人民法院认为，对于社会组织章程是否包含维护环境公共利益，应根据其内涵而非简单依据文字表述，既要从字面意义上判断，也要从具体内容中判断；第二，就“从事环境保护公益活动”这一实质要件而言，最高人民法院认为，环境保护公益活动既包括直接改善生态环境的行为，也包括与环境保护相关的有利于完善环境治理体系、提高环境治理能力、促进全社会形成环境保护广泛共识的活动，明确和拓展了环境保护公益活动的内涵和范围；第三，就“环境公共利益与其宗旨和业务范围具有关联性”这一关联性要件而言，最高人民法院认为，即使社会组织起诉事项与其宗旨和业务范围不具有对应关系，但若与其所保护的环境要素或者生态系统具有一定的联系，亦应基于关联性标准确认其主体资格。换言之，社会组织的起诉事项与其宗旨和业务范围只需要具备一定的联系即可。

综上，该案例明确了环境民事公益诉讼中“社会组织”的具体范围，为在司法实践中如何判断社会组织是否具备环境民事公益诉讼原告主体资格提供了指导，提高了社会组织参与到环境民事公益诉讼中的积极性，契合了环境治理纠纷多元化解的时代要求。

（二）环境行政公益诉讼对生态环境治理纠纷的解决

环境行政公益诉讼是通过纠正政府引起或导致的环境污染或者生态破坏的不当行政，来达到对环境治理纠纷解决和维护国家和社会公共利益的目的。根据我国《行政诉讼法》和《检察公益诉讼解释》中规定的行政公诉讼制度能够实现对环境治理纠纷的解决。根据我国《行政诉讼法》第 25 条规定，“人民检察院在履行职责中发现生态环境和资源保护……等领域负有监督管理职责的行政机关违法行使职权或者不作为，致使国家利益或者社会公共利益受到侵害的，应当向行政机关提出检察建议，督促其依法履行职责。行政机关不依法履行职责的，人民检察院依法向人民法院提起诉讼”。即检察机关对政府履行生态环境监督职责中的违法或不作为可以提起行政公益诉讼。对于“监督管理职责”应当从监督和管理两方面理解，一是监督其他环境治理主体积极履行环境治理义务，二是政府基于职权对生态环境的保护义务包括对环境的治理，如对于无法认定损害主体的污染或生态破坏，政府应当承担起法定的治理义务。关于“致使国家利益或社会公共利益受到侵害”这一提起诉讼的前提条件，由于环境治理纠纷就是建立在已经造成生态环境损害的基础上，义务人承担治理责任的前提是有已经造成了环境公共利益的损害事实，其不履行治理义务的行为本身就是对环境公益的损害；当政府作为环境治理主体时，其违法或失职的行为就会造成放任污染或扩大污染的结果，该行为本身就已经伴随着环境公共利益的损害。生态环境损害赔偿的公益性特质要求在赋予行政机关必要自由裁量权的同时，必须始终保持控权状态。对于启动磋商程序和提起诉讼以及磋商或诉讼后政府对生态环境修复和损害赔偿评估、赔偿资金使用、管理也是公权力的行使，检察机关应当予以监督。所以，检察机关对负有生态环境监督管理职责的政府提起行政公益诉讼可以基于两方面的原因：一方面是政府监督造成环境损害的主体履行治理义务的过程中有违法或失职情形的，检察机关应当向其基础检察建议督促其履职，仍不履职的提起诉讼。另一方面政府作为环境治理的主体，其在履行宪法和环境保护法规定的环境保护义务的过程中，有违法或失职的行为，检察机关也应当提起行政公益诉讼。

关于环境行政公益诉讼的起诉主体，我国当前的法律仅规定了检察机关作为行政公益起诉主体。但从纠纷涉及的主体来看，社会主体依据环境公共利益保护的权利和义务以及宪法赋予的对政府的监督权，发现政府在对环境治理的履责过程中有违法失职的情形，可以对政府在环境治理过程中履行环境监督管理职责进行监督。我国《宪法》第 41 条的规定，我国公民对于任何国家机关和国家工作人员的违法失职行为，有向有关国家机关提出申诉、控告或者检举的权利。即社会公众对政府的违法失职行为有控告的权利，接受“控告”的有关国家机关包括检察院、法院、国家监察机关等，因此，从接受主体来看控告包括诉讼的方式，即基于宪法赋予的权利，社会公众可以对政府的违法失职行为提起诉讼。环境 NGOs 是社会主体的组成部分，其代表公共利益，我国法律也规定了环境 NGOs 作为环境民事公益诉讼的起诉主体地位，其具有提起公益诉讼的主体资格。虽然法律对社会主体如公民、企业、社会组织等规定了保护环境的义务，但这种义务在性质上不同于宪法和法律对政府环境保护职能的授权。政府既然得到这种特殊的、唯一的授权，当然应该接受社会公众的监督，而环境行政公益诉讼制度就是保障社会公众监督的最后一道屏障。〔1〕因而，在行政公益诉讼中增加环境 NGOs 作为起诉主体具有可行性，通过诉讼方式监督政府依法履职，从而实现环境治理纠纷的解决，保护环境公共利益。由于环境 NGOs 与检察机关的法律地位不同，检察机关在提起诉讼前有提起检察建议的督促

〔1〕参见王曦：《论环境公益诉讼制度的立法顺序》，载《清华法学》2016 年第 6 期。

履职的程序，该程序有利于纠纷在诉前得到解决，避免因为诉讼程序的拖沓而导致纠纷解决的滞延，进而损害环境公共利益。虽然环境 NGOs 没有检察机关的法律监督职权，但是同样可以借鉴美国公民诉讼中的事先告知程序，在提起诉讼前 2 个月内通知即将成为被告的政府，如果 2 个月内政府改正了相关行为，则不提起诉讼，否则直接向人民法院提起诉讼，对于检察机关已经提起行政公益诉讼的，环境 NGOs 不能再基于同一诉求提起诉讼。

（三）环境行政附带民事公益诉讼制度的再思考

2016 年发布的《关于深入开展公益诉讼试点工作有关问题的意见》（已废止）第 14 条明确提及“在两种违法行为造成同一损害后果，且均符合提起公益诉讼条件的情况下，检察机关可以向人民法院提起行政公益附带民事公益诉讼，既督促行政机关依法正确履行职责，又同时追究社会公共利益侵害人的民事责任，由人民法院一并审理。”〔1〕但 2018 年实施、2020 年修正的《检察公益诉讼解释》未延续《关于深入开展公益诉讼试点工作有关问题的意见》第 14 条关于“行政附带民事公益诉讼”制度的规定。司法实践中，行政附带民事公益诉讼的具体开展未形成规模效应。一是行政公益诉讼与民事公益诉讼分别有检察建议和经公告后无适格起诉主体时检察院方能作为起诉主体提起民事公益诉讼的诉前程序，使得“附带”诉讼的程序难以顺畅开展。二是生态环境损害赔偿制度的施行要求在开展公益诉讼之前先行开展生态环境损害赔偿磋商程序，且赔偿权利人提起生态环境损

〔1〕 参见《关于深入开展公益诉讼试点工作有关问题的意见》第 14 条。

害赔偿诉讼后环境民事公益诉讼缺乏程序运行的空间，从而使得行政附带民事公益诉讼程序难以形成连贯性。三是管辖权问题，行政公益诉讼与民事公益诉讼的案件管辖规则不同。

【案例】

吉林省白山市人民检察院诉白山市江源区卫生和计划生育局及江源区中医院行政附带民事公益诉讼案

基本案情：2012年，吉林省白山市江源区中医院建设综合楼时未建设污水处理设施，综合楼未经环保验收即投入使用，并将医疗污水经消毒粉处理后直接排入院内渗井及院外渗坑，污染了周边地下水及土壤。2014年1月8日，江源区中医院在进行建筑设施改建时，未执行建设项目的防治污染措施应当与主体工程同时设计、同时施工、同时投产使用的“三同时”制度，江源区环保局对区中医院作出罚款行政处罚和责令改正、限期办理环保验收的行政处理。江源区中医院因污水处理系统建设资金未到位，继续通过渗井、渗坑排放医疗污水。2015年5月18日，在江源区中医院未提供环评合格报告的情况下，江源区卫生和计划生育局对区中医院《医疗机构执业许可证》校验结果评定为合格。2015年11月18日，吉林省白山市江源区人民检察院向区卫生和计划生育局发出检察建议，建议该局依法履行监督管理职责，采取有效措施，制止江源区中医院违法排放医疗污水。江源区卫生和计划生育局于2015年11月23日向区中医院发出整改通知，并于2015年12月10日向江源区人民检察院作出回复，但一直未能有效制止江源区中医院违法排放医疗污水，导致社会公共利益持续处于受侵害状态。经咨询吉林省环保厅，白山市环保局、民政局，吉林省内没有符合法律规定条件的可以提起公益诉讼的社会公益组织。

理论实践探讨：现实的制度问题只是从操作层面影响了行政附带民事公益诉讼制度的规模效应，并不能否定行政附带民事公益诉讼制度在设计之初本应具有的制度优势。因为“将行政公益诉讼与民事公益诉讼一并审理，可以让侵权行为人直接承担责任进而让诉讼形成制裁的威慑力，弥补了司法程序仅追究单一责任的缺陷，同时可以在必要时替代行政执法，达到与行政管理相同的治理功效”。[1] 与此同时，“这种附带型的诉讼模式对优化司法职权配置，完善行政、民事诉讼制度具有重要意义，也有利于公益诉讼的多样化发展”。[2] 环境行政附带民事公益诉讼制度能够通过将环境公益两诉合并审理的方式来保护生态环境利益、优化资源配置，不仅能够使公益两诉在司法资源配置方面起到节约功效，同时还可以优化检察机关内部的职能配置，提高环境治理效能。此外，还能充分发挥公益两诉各自的优势，令双方取长补短，在督促、监督环境执法主体依法履职的同时，对已遭损害的生态环境进行及时修复。与此同时，对诉讼程序的简化还有益于司法裁判机关避免裁判拖延与裁判矛盾。[3] 因此，综合现有的公益诉讼的制度安排来看，对行政附带民事公益诉讼的适用情形需要有一个重新的厘清，且在程序规则的安排上需要有一定的

---

〔1〕 刘艺：《论国家治理体系下的检察公益诉讼》，载《中国法学》2020 年第 2 期。

〔2〕 石春雷：《检察机关提起行政附带民事公益诉讼诸问题——从“检例第 29 号”谈起》，载《海南大学学报（人文社会科学版）》2021 年第 1 期。

〔3〕 李爽：《论刑事附带民事诉讼制度的立法完善——寻求利益平衡的途径》，载《中国人民公安大学学报（社会科学版）》2012 年第 1 期。

调整。

环境行政附带民事公益诉讼的适用情形。在满足行政公益诉讼的诉前程序已经履行完毕，同时确认民事公益诉讼无其他适格起诉主体的情况下，检察机关可以直接提起环境行政附带民事公益诉讼。依据当前法律法规，行政公益诉讼以检察机关向行政机关提出检察建议的方式作为其诉前程序；而民事公益诉讼的诉前程序则为公告 30 日的方式。根据法律规定，行政公益诉讼和民事公益诉讼两类诉讼，都必须履行诉前程序。然而，环境行政附带民事公益诉讼追求生态环境保护的合理与高效，既要实现对生态环境的直接救济，又要促进司法资源的节约。也有学者提出，民事公益诉讼部分的二元主体“起诉”模式构想。因社会组织享有提起民事公益诉讼的法定优先权，检察机关不得因行政附带民事公益诉讼而剥夺社会组织的在先诉权，因此，社会组织如果愿意提起环境行政附带民事公益诉讼，其与检察机关则成为诉讼原告；如果其不愿提起，检察机关则可以直接提起诉讼。[1] 因此，则可以在行政公益诉讼诉前程序开展之时，同时开展民事公益诉讼的诉讼程序，检察建议发出两个月的期间可以覆盖民事公益诉讼 30 日的公告期限。在内蒙古自治区的呼和浩特市人民检察院诉呼和浩特市赛罕区林业局行政附带民事公益诉讼案件〔(2017) 内 01 行初 142 号〕，乌审旗人民检察院诉乌审旗林业和草原局、吴某行政附带民事公益诉讼案件〔(2020) 内 01 行初 3 号〕，乌审旗人民检察院诉乌审旗林业和草原局、曹某行政

〔1〕 陈君、秦传熙：《环境行政附带民事公益诉讼制度的构建》，载《黑龙江社会科学》2022 年第 2 期。

附带民事公益诉讼案件〔(2020)内01行初3号〕等案件中，对于民事公益诉讼程序的启动，都履行了公告的诉前程序。而吉林省案中，关于是否具有符合法律规定条件可以提起环境民事公益诉讼的社会公益组织的问题，尚未通过诉前公告的方式开展，而是通过咨询有关行政职能部门的做法还是留有一定的商榷空间。

第七章　生态环境治理纠纷解决机制之保障制度

系统因其自身结构、功能的完善、有序而形成具有涌现性的整体，但外部环境的作用对系统的构建和有效运行具有重要作用。环境治理纠纷解决机制的研究除了其本身理论和制度之外，还必须对其外部环境中保障其机制顺利运行的因素纳入系统性的思考之中，从系统内外全面的对环境治理纠纷解决机制进行研究。保障制度虽然不能直接运用于纠纷的解决，但是能够降低环境治理纠纷解决机制失效的风险，并且有助于对环境治理中的纠纷预防和解决。

一、环境责任保险制度

（一）风险社会与责任分担

在风险社会，原本属于工业社会的商品生产的逻辑支配风险生产的逻辑被颠倒过来，风险生产的逻辑起主导作用，且自然与社会对立的时代应当结束，因为工业、技术和科学造成的自然破坏，已经不单纯是一种自然损害，更加是社会、经济、政治和法律的一部分。[1] 因而，需要从社会、经济、政治和法律的层面对风险加以把控。既然风险能够被社会把控，那么就可以认为风险是和资源一样属于可分配物，资源分配的过程和结果会存在不公平的现象，在面对风险时人的趋利避害本性都希望避免会造成财产或者人身损害的风险，人们也会尽量避免这种不公平风险的分配，从而在面对风险的副作用的影响时，人们会考虑重新调整、重新磋商或平衡既有的关系。风险理论最初获得重视的领域就是在环境政策问题上，其最初的意图就是为了通过风险分析控制科技带来的环境危害，并且用于改良科技带来的副作用。虽然在最初的适用过程中并没有得到预期的效果，但是随着风险理论挣脱科技的牢笼，逐渐在其他领域使用时，获得较大的成功。贝克的奉献社会理论认为以科学为主的风险测量与风险评估是不可靠，基于科学解决方案的风险决策也是不切实际的，因为风险并不单纯是某一个领域的安全问题，而是工业社会在制度上的危机。吉登斯认为风险内涵与可能性和不确定性概念是不可分的，而风险存在外部风险和人造风险。外部风险是指来自外部的，因为传统或者自然的不变性和固定性带来的风险。人造风险是由我们不断发展的知识对这个世界的影响所产生的风险。[2] 卢曼对风险社会学的研究是从风险概念的澄清开始形成了一套系统理论，他认为风险与人的决定有关，即当某个决定可能导致损害

〔1〕［德］乌尔里希·贝克：《风险社会：通往另一个现代的路上》，汪浩译，台北巨流图书公司2004年版，第97页。

〔2〕［英］安东尼·吉登斯：《失控的世界》，周红云译，江西人民出版社2001年版，第18-22页。

时，就是说这个决定是有风险的。[1] 风险事实出现的时候，人就有了风险责任，社会也就有了责任。他把造成可能的损害的外部原因排除在风险的范围，而是纳入危险概念之中，这与吉登斯主张的风险包括外部风险和人造风险相对峙，本书采纳吉登斯对于风险的概述，认为风险不仅包括人为的，也包括外在的风险。总体而言，分析风险与社会结构之间的辩证关系，试图通过社会结构的某些改变来改善风险处境是当前风险社会学研究的重点，也是社会发展过程中急需解决的问题。

在社会发展过程中，环境保护与经济发展的紧张关系之下，经济发展对环境损害的风险不断增加，无论是人为主观原因还是外部原因导致的生态环境的损害都需要有相关的责任主体对其负责。尤其是外部原因导致的生态环境损害风险，增加了政府和企业治理生态环境的压力，容易导致政府或企业在治理过程中力不从心。对生态环境损害责任风险的分担就显得必要且关键，通过环境责任保险制度能够有效的分担治理主体的风险责任，降低治理主体因生态环境损害的修复或赔偿等发生纠纷的概率。

（二）环境责任保险制度对环境治理纠纷的解决

环境责任保险制度是在环境污染事故的涌现和公民环保意识不断提高的背景下产生的。目前，世界许多发达国家已经形成了较为成熟的环境责任保险制度，但受我国市场体制和法律制度等多方面因素的影响，环境责任保险制度的发展还较为滞后。在环境治理纠纷解决的过程中，常常因为污染企业拒绝或者无法承担

〔1〕 Luhmann, N., Risk: A Sociological Theory, de Gruyter, 1991, pp. 30-31.

生态环境修复或赔偿责任，导致纠纷不能顺利解决、生态环境持续恶化。环境责任保险具有强大的分散和转嫁风险的功能，对污染企业和污染受害者而言具有重要保障功能，还具有预防生态环境损害风险发生的功能和促进环保科技和保险企业发展的潜在功能。它是对生态环境损害的社会化救济制度，也是对生态环境伦理道德观念的秉持的成果，是对环境与经济发展关系的协调的重要保障。通过环境责任保险这一对生态环境损害责任的社会化救济方式，能够部分转移生态环境损害的责任，从而减少由于缺乏修复或赔偿资金带来的纠纷解决阻力。

环境责任保险是以被保险人因对生态环境的损害而应当对第三人承担的损害赔偿责任为标的的财产保险。该保险的标的是“损害赔偿责任”，通过对责任的转移，可以尽量避免被保险人因承担对第三人的损害责任而遭受重大经济损失，保障被保险人的经济安全和稳定，同时保障第三人受到侵害时可以得到及时、充分的赔偿，维护第三人的利益。〔1〕基于损害担责原则，我国《环境保护法》第 6 条第 3 款规定：“企业事业单位和其他生产经营者应当防止、减少环境污染和生态破坏，对所造成的损害依法承担责任。”责任承担的问题常常成为环境治理纠纷产生和解决的关键问题，环境责任保险制度在政治、法律手段之外引入经济手段，通过经济杠杆作用分散治理纠纷主体的风险和责任，从而保障环境治理纠纷的解决。环境责任保险有任意保险和强制保险两种类别。我国出台的《环境污染强制责任保险管理办法

〔1〕参见樊启荣编著：《责任保险与索赔理赔》，人民法院出版社 2002 年版，第 30-32 页。

（征求意见稿）》规定，从事环境高风险生产经营活动的企业事业单位或其他生产经营者强制投保环境污染强制保险。该管理办法的征求意见稿仅规定“高风险生产经营活动的企业事业单位或其他生产经营者”的强制责任保险，如此就意味着对于其他企事业单位或生产经营者可以任意投保。该管理办法还规定“生态环境损害”属于强制保险责任的范围，对于造成生态环境损害的“环境高风险企业怠于向保险公司请求赔偿保险金的，受害者也可以就其应获赔偿部分直接向保险公司请求赔偿保险金。保险公司也可以直接向受害人赔偿保险金。”对于任意投保的第三人赔偿请求权上也应当适用该规定，才能实现责任保险的目的，保护被保险人，填补被保险人因承担损害赔偿责任所受到的损失。解决被保险人因失去赔偿能力或拒不承担赔偿责任时，对受害方造成的不公平现象。环境治理纠纷中，损害的利益是环境公共利益，在纠纷解决中对于环境公共利益的保护权一般由政府、环境 NGOs 或检察机关代为行使，因而政府、环境 NGOs 或检察机关在环境责任保险制度中是第三人，在相关企业怠于承担赔偿责任时，可以直接向保险公司提出赔偿请求权。

对于环境责任保险的承保范围，《环境污染强制责任保险管理办法（征求意见稿）》从对环境高风险生产经营活动的解释角度进行列举，并要求 2005 年以来发生过特别重大、重大或者较大突发环境事件的企业也应当投保环境污染强制责任保险。如此规定，仍然不能解决累积性污染是否属于承保范围的问题。从免除赔偿的范围规定来看，因为过失或者非逃避监管的故意污染行为也有可能成为赔偿的范围。理论上，环境责任保险的承保属对不确定风险的承保，对于累积性污染事故是否存在不确定的风险，各国的规定不同。本书认为累积性污染事故存在着不确定的风险，而且对其承保符合保险利益原则。不确定的风险有以下特征：一是风险的发生存在可能，如果根本不可能发生或者已经发生、确定必然发生的，不适用保险。二是风险的发生具有不确定性，累积性污染可能在自然的自我净化中消失，从而不发生风险，但也可能在积累的过程中达到临界点而造成生态环境损害事故，所以风险的发生有其不确定性。三是风险的发生符合法律并被法律所认可，这包括不违反法律、不违背社会公共利益和公序良俗。环境责任保险的承保具有期限性，根据《环境污染强制责任保险管理办法（征求意见稿）》的规定为 1 年，满期后续保，订立保险合约是对未来 1 年的期限进行承保，这期间风险的发生具有不确定性，造成的损害后果的程度也是不确定的。所以，累积性污染事故存在不确定的风险。且对生态环境损害的投保要求投保人对保险标的具有现有利益，并基于现有利益而产生期待利益和责任利益。投保人有可能承担赔偿责任时，侵权人对受害人应当承担的责任属于法定的损害赔偿责任，属于保险利益中的责任利益。因此，累积性污染不仅存在事故发生的不确定性，还符合保险利益的条件，应当纳入环境责任保险的范围。

2021 年《危险废物环境污染责任保险管理办法（征求意见稿）》发布，关于承保范畴即包括危险废物环境污染或生态破坏造成第三人人身、财产损害的赔偿、生态环境损害的赔偿，以及对于以上损害采取合理的行动和措施，而支出的必要的、合理的应急监测及处置费用、污染物清理及处置费用。对于故意造成环境污染或生态破坏的行为不予以赔偿，对于“故意”的认定同样存在累积性污染的能否直接认定为故意的问题。

二、生态环境损害赔偿资金管理制度

自2018年开始在全国推广实施生态环境损害赔偿制度，截至2022年年底，全国各地办理政府作为赔偿权利人的生态环境损害赔偿案件共计2.24万件，已办结1.44万件，涉及资金123亿元。[1] 生态环境损害赔偿资金如何有效、高效地管理才能真正符合生态文明建设的理念，实现生态环境损害赔偿制度的目标，是本节讨论的问题。根据《生态环境损害赔偿资金管理办法（试行）》第2条的规定，生态环境损害赔偿资金是指生态环境损害事件发生后，在生态环境损害未得到完全修复的情况下，由造成损害的赔偿义务人主动缴纳或者按照磋商达成的赔偿协议、法院生效判决缴纳的资金。其功能在于确保受损害的生态环境得到及时、有效的修复，也用于补偿生态环境受到损害至恢复原状期间服务功能的减损，以及生态环境功能永久性损害造成的损失。生态环境损害赔偿资金的管理、使用直接对生态环境的修复程度和制度实施效果产生影响。

（一）生态环境损害赔偿资金管理模式梳理

根据《生态环境损害赔偿资金管理办法（试行）》第6条第2款的规定，生态环境损害赔偿资金作为政府非税收入，由国库集中收缴，纳入一般公共预算管理。深圳经济特区采用设立生

〔1〕 先藕洁、韩飏：《123亿元生态环境损害赔偿金如何使用》，载《中国青年报》2023年10月31日第7版。

态环境公益基金的方式对损害赔偿金实行慈善信托管理。从政府非税收收入的类目来看，大多数地方财政将其归为非税收收入-其他收入中，从福建省、安徽省的规定与青岛市、湖南省关于生态环境损害赔偿资金的暂列科目来看，有较为明显的区别。青岛市及湖南省专列了“生态环境损害赔偿资金”科目。另外，从资金的来源来看，福建省及深圳经济特区的资金来源中包括了社会捐赠这一来源方式，从政府非税收入的类型来看，是应当纳入“以政府名义接受的捐赠收入”还是仍应作为生态环境损害赔偿专门资金，还需进一步明确。总体而言，虽然出台了全国性的较为统一的管理办法，其中规定将生态环境损害赔偿金全额上缴国库，纳入地方财政预算，明确了赔偿款项采用国库集中收缴的管理办法，但并没有建立专门用于接收公益诉讼赔偿款项的基金账户，可操作性不高，导致判决主文无法表述，执行中也遇到困境。[1] 2023年，海南省出台了统筹管理使用环境保护资金的规定，是对资金管理使用具象化的探索。

各地生态环境损害赔偿资金管理办法

时间	文件名称	资金执收	资金管理、使用
2019年	《福建省生态环境损害赔偿资金管理办法》	通过人民法院生效调解、裁判确定的生态环境损害赔偿资金，由人民法院负责执行；其他生态环境损害赔偿资金	生态环境损害赔偿资金作为政府非税收入，实行收支两条线，使用省财政厅统一印制的非税收入票据，通过

〔1〕 张寒：《民法典第1235条中生态环境损失和费用的规范进路》，载《法律研究》集刊2023年第4卷。

续表

时间	文件名称	资金执收	资金管理、使用
		由赔偿权利人指定部门负责执收。 资金来源：生态环境损害赔偿磋商确认的赔偿金，涉及生态环境损害案件经法院生效调解或裁判确定的赔偿金、罚金；生态环境损害案件行政处罚涉及的罚款和没收财物；社会捐款等。	全省非税收入系统全额上缴至赔偿权利人指定部门的同级国库，纳入预算管理，**款列非税收入－其他收入－其他收入（科目代码：1039999）**。
2019 年	《黑龙江省生态环境损害赔偿资金管理办法（试行）》	通过磋商确认的生态损害赔偿资金，由赔偿权利人指定部门或机构负责执收；通过人民法院生效裁判确定的生态损害赔偿资金，由人民法院负责执行。	生态环境损害赔偿资金作为政府非税收入，全额上缴赔偿权利人同级国库，纳入一般公共预算管理，列其他专项收入，**如国家出台相关规定，按国家规定执行。**
2019 年	《绍兴市生态环境损害赔偿资金管理办法（试行）》	通过磋商确认的生态损害赔偿资金，由属地生态环境局负责执收；通过人民法院生效裁判确定的生态损害赔偿资金，由人民法院负责执行。	生态环境损害赔偿资金通过“非税收入征收与财政票据管理系统”上缴，同级财政部门负责确定执收单位生态损害赔偿资金执收编码。**如国家出台相关规定，按国家规定执行。**

续表

时间	文件名称	资金执收	资金管理、使用
2019 年	《丽水市生态环境损害赔偿资金管理办法（试行）》	通过磋商确认和赔偿义务人自愿支付的生态环境损害赔偿资金，由赔偿权利人指定部门或机构负责执收；通过人民法院生效裁判确定的生态环境损害赔偿资金，由人民法院负责执行。**检察机关与赔偿义务人达成诉前赔偿协议的，由检察机关负责执收。**	生态环境损害赔偿资金作为政府非税收入，实行国库集中收缴，全额上缴赔偿权利人指定部门、机构的本级国库，纳入一般公共预算管理。
2020 年	《生态环境损害赔偿资金管理办法（试行）》	赔偿权利人指定的相关部门、机构负责执收生态环境损害赔偿协议确定的生态环境损害赔偿资金；人民法院负责执收由人民法院生效判决确定的生态环境损害赔偿资金。	生态环境损害赔偿资金作为政府非税收入，实行国库集中收缴，全额上缴赔偿权利人指定部门、机构的本级国库，纳入一般公共预算管理。
2020 年	《深圳经济特区生态环境公益诉讼规定》	资金来源：生态环境民事公益诉讼中，人民法院生效裁判文书、调解书确定的生态环境损害赔偿金和费用； 污染环境、破坏生态赔偿义务人主动缴纳的生态环境损害赔偿金；社会捐赠；符合章程规定的其他合法资金。	**设立生态环境公益基金，实行慈善信托管理。**

续表

时间	文件名称	资金执收	资金管理、使用
2021 年	《青岛市生态环境损害赔偿资金管理办法》	通过磋商议定的生态环境损害赔偿资金，由相关职能部门、有关机构负责执收；通过人民法院环境公益诉讼、生态环境损害赔偿诉讼生效判决、调解确定的生态环境损害赔偿资金，由人民法院负责执收。	同级财政部门负责确定并挂接执收单位生态环境损害赔偿资金科目，资金收入暂列《政府收支分类科目》**“1039915 生态环境损害赔偿资金”**。
2021 年	《安徽省生态环境损害赔偿资金管理办法（试行）》	通过协商议定的生态损害赔偿资金，由相关主管部门负责执收；通过人民法院生效判决确定的生态损害赔偿资金，由人民法院负责执收。	生态环境损害赔偿资金收入列《政府收支分类科目》**“1039999 其他收入”**，以后年度根据政府收支分类科目修订情况列入相应科目。
2021 年	《湖南省生态环境损害赔偿资金管理办法》	赔偿权利人指定的相关部门、机构负责执收生态环境赔偿协议确定的生态环境损害赔偿资金；人民法院负责执收由人民法院生效判决确定的生态环境损害赔偿资金。	生态环境损害赔偿收入列政府收支分类科目**“1039915 生态环境损害赔偿资金”**，全额上缴损害发生地国库，纳入一般公共预算管理。
2023 年	《海南省环境保护专项资金管理办法》	海南省环境保护专项资金，是指通过省级财政预算安排的，用于支持污染防治以及生态产品价值实现、应对气候变化及碳减排、生态保护修复和生态安全等方面的资金。	**专项资金由省财政厅和省生态环境厅共同管理。**

有学者专门从环境公益诉讼的视角对资金的使用和管理情况进行梳理，发现自2015年至2021年，长江流域36个环境公益诉讼判决的生态环境损害赔偿金支付去向主要有：上缴国库、法院指定账户、检察院账户、财政部门的专项资金账户、环境保护公益金账户等，实践中处于无序状态。且在资金管理使用中，存在于修复的环境损害范围界定不明、资金使用效率较低、难以保障专款专用等情况。[1] 也有学者提出司法实践中，生态环境损害赔偿资金与环境公益诉讼赔偿资金始终分开化监管，不仅不利于资金使用效益最大化，反而人为加大了资金管理使用的难度和成本，同时存在资金管理交叉重叠的现象，比如，环境公益诉讼案件与生态环境损害赔偿诉讼案件都包含了财政局账户以及上交国库管理模式，环境公益诉讼案件涉及的法院执行款账户、环保专项资金账户与生态环境损害赔偿诉讼案件存在的法院指定账户、环境公益诉讼资金账户管理模式实质相同。因而提出通过统筹监管的方式优化生态环境损害赔偿资金的管理和使用。[2]

学者通过对既往实践的分析总结出资金管理模式主要包括：专项资金账户管理模式、地方财政管理模式，以及基于独立的基金会和公益信托机构、依靠民间力量管理赔偿金的管理模式。[3]

1. 专项账户管理模式

专项账户管理模式是指通过在某一行政单位设立生态环境损

---

〔1〕 王辉、杜伟杰：《生态环境损害赔偿金管理制度的检视与完善——以长江流域36个环境公益诉讼案件为研究样本》，载《人民司法》2022年第31期。

〔2〕 黄大芬、华国庆：《生态环境公益损害赔偿资金统筹监管研究》，载《学术探究》2022年第4期。

〔3〕 王社坤、吴亦九：《生态环境修复资金管理模式的比较与选择》，载《南京工业大学学报（社会科学版）社会科学版》2019年第1期。

害赔偿资金或其他特定类别的专项账户，以实现赔偿金的专户专款专用。从之前实践来看，设立专项资金（专户）有两种形式。其一是在财政部门内部设立专项账户，由它具体负责管理。例如贵阳市中级人民法院就是在与财政部门沟通后，在贵阳市财政局设立“生态补偿专项资金”，法院公益诉讼案件判决的赔偿款、刑事案件的罚金等都进入这个账户。其二是将专户直接设在法院，由法院具体负责管理。例如贵州省遵义市中院，就是经遵义市财政局同意，在法院设立了一个专户。[1] 设立专项账户对生态损害赔偿资金进行管理的目的在于实现赔偿金的专款专用。

这一模式的优点在于能保证赔偿金的专款专用，保障生态环境能够得到及时、有效地修复。该模式的弊端也十分明显：第一，对专项资金的监管存在欠缺。在专项资金管理模式下，由政府机构自行对资金的管理和使用程序进行设置，其既是规则的制定者，也是规则的遵守者。面对巨额赔偿资金，却缺少对政府机构有效的内外部监督制度，容易发生挪用、占用甚至腐败的现象。第二，对专项资金的规划、使用缺乏足够的专业性保障。由于生态环境的修复工作对专业技能有较高要求，政府机构在缺乏相关专业技能和条件的情况下，可能导致资金的低效使用，甚至在设计生态环境修复方案时，出现决策不当、失误的情况，进而影响修复工作的效果和质量。

2. 地方财政管理模式

当前生态环境损害赔偿资金主要作为政府非税收入，由国库

---

〔1〕 参见罗光黔：《生态环境损害赔偿资金，由谁管？怎么管？——基于地方探索实践的一些思考》，载《中国生态文明》2018 年第 4 期。

集中收缴，上缴至同级国库。与专项账户模式相比，地方财政管理模式的优点在于：第一，在地方财政管理模式下，生态环境损害赔偿资金作为政府的“其他专项收入”，纳入政府机构财政管理体制，受到政府内部财政管理的监督，在保证赔偿资金专款专用的同时，有效增强了对赔偿资金的监管力度；第二，地方财政管理模式对资金的管理、使用更加规范化、合理化。在此模式下，相较于专项账户管理模式而言，资金的支取须经较为严格的审批流程，资金的使用办法、预算支取等需由赔偿权利人及其指定机构等具有资金申请权的主体将相关的文件资料提交至政府财政管理部门，由财政管理部门进行审批，审批通过后才能拨付资金。但其仍存在一定的局限：一方面，地方财政管理模式比专项账户管理模式多了一道审批流程，资金的审批需经过更漫长、繁琐的程序，不可避免地延长了资金的下放时间。而在一些情况下，生态环境的修复要求及时采取措施以防止污染结果的再扩大，资金的延迟下放将可能致使环境污染不能得到及时的修复。另一方面，生态环境损害赔偿资金虽被纳入政府财政管理体制，接受财政管理监督，但这种监督主要局限于政府内部的监督，缺少外部监督渠道。这种相对封闭的资金监管模式导致公共监督的缺失，资金的管理和使用情况未能充分公开，使得行政力量在资金使用上有了更多的可干预空间，从而增加了发生腐败的风险。

3. 设立专门基金的模式

基金会是以为目标对象提供社会价值为使命，主要依靠捐赠及其增值部分维持运行的混合组织。在我国，基金会的类型多样，依据其发起主体或资金来源的不同，可以细分为五大类：官方系统基金会、个人慈善基金会、企业支持基金会、学校教育基金会和社区公益基金会。官方系统基金会由具备官方背景的机构牵头设立，与相关政府部门紧密协作。个人慈善基金会则是由个人发起并创立，其运营与管理直接由发起人或其家族成员参与，充分展现了个人的慈善理念和愿景。企业支持基金会则是由企业发起并资助，同时该企业也深度参与其运营与管理。教育学校基金会则是学校或校友群体发起成立，旨在支持和推动该校的教育事业。而社区公益基金会则是为了维护社区公共利益、促进社区发展而成立的。无论是何种类型的基金会，公益逻辑和市场逻辑（资产管理逻辑）是基金会的底层逻辑，对各种类型的基金会具有普遍影响。其中公益逻辑是基金会的本质逻辑，而解决社会问题、创造社会价值的公益使命是公益逻辑的关键要素。[1] 为对生态环境损害赔偿金进行有效管理而设立的基金会，因其资金大多来源于环境公益诉讼赔偿金、赔偿协议确定的赔偿金、社会捐赠等，受到相关政府部门的监督，具有明显的官方背景，而应归属于官方系统基金会，以解决环境污染问题、创造环境保护价值为使命。贵州省曾在 2016 年生态损害赔偿制度试点时期采用了此种模式对生态损害赔偿资金进行管理，并在《贵州省生态环境损害赔偿制度试点工作实施方案》中规定“设立贵州省生态环境损害赔偿基金会”。也有诸多学者认为应当设立专门的基金会对生态环境损害赔偿金进行专项管理，比如学者林煜认为“应当设立全国环境损害赔偿基金会对资金进行管理和使用，由基金会

〔1〕 张奇林、孙蔚：《中国基金会的多重制度逻辑冲突及其治理》，载《中州学刊》2023 年第 12 期。

承担基金的管理工作。”[1] 周翔、张旭勇、吴家根认为应当“建立公益损害赔偿基金账户，对赔偿金进行专款专用”。[2]

与前两种模式相比，这一模式的优点在于：一是进一步保障了赔偿金的专款专用。根据《生态环境损害赔偿资金管理办法》第8条的规定，赔偿金的使用应当具有专门的对象指向，仅限于受损害地区的生态环境修复工作。生态环境损害赔偿基金会的建立需以收取赔偿资金为基础，同时，其资金仅限于支持生态环境损害的修复，设立生态环境损害赔偿基金是制度精细化分工的结果，制度结构的精细分化决定了制度功能的专业分工[3]，可有效保障赔偿金的专款专用。二是赔偿金的支取更加灵活、便利。基金会模式下，赔偿资金的申请、使用程序简化，避免了传统政府机构繁琐的审批流程，从而提高资金使用的及时性与有效性。三是强化了对赔偿金的外部监督。作为非营利组织的基金会，必须将每一笔资金的详细支出情况公之于众，接受社会各界的广泛监督，以确保赔偿金的使用过程公开、透明，并具有明确的目标指向。四是提高了赔偿金管理、规划、使用的专业化程度。基金会汇聚了众多专业管理人员、财务人员以及环保专家，他们能够根据环境修复的实际需求，设计出具有针对性的资金使用方案，从而保障资金的高效与精确投放。

---

〔1〕 林煜：《我国生态环境损害赔偿资金制度的困境与出路》，载《中国环境管理》2019年4期。

〔2〕 参见周翔、张旭勇、吴家根：《生态环境保护领域公益损害赔偿金使用研究——基于检察公益诉讼视角》，第四届全国检察官阅读征文活动获奖文选，2023年3月。

〔3〕 郭武、岳子玉：《生态环境损害赔偿金的管理模式选择与法律制度构建》，载《兰州学刊》2020年第12期。

由此可见，相较于前两种模式，设立专门的生态环境损害赔偿金基金会的管理模式展现出显著的优越性。其具有资金审批流程简便化、资金管理使用专业化、财务流水公开化等优势，能够有效弥补前两种模式的弊端，有利于将生态环境损害赔偿资金公开、透明、专业、高效地用于生态环境损害修复，使生态环境损害赔偿制度发挥出应有效能，更加契合当下我国生态环境损害赔偿制度的现实需要。[1]

（二）构建生态环境损害赔偿公益基金管理模式的思考

关于生态修复基金制度的探究在 2018 年之前就已有部分地方开展探索，如贵阳的生态文明基金、内蒙古环保基金、昆明环境公益诉讼专项基金，它们分别呈现为基金会型、“公司型”和专项资金型运行模式。这些模式在运行过程中也呈现出公益性与营利性的冲突、资金来源不足以及运营模式单一等现实困境，也有学者提出将部分环境税收入纳入生态环境修复基金的资金来源的构想。[2]对于既有资金管理模式的梳理和反思，有学者提出建立独立法人的环保基金会，再通过慈善信托的方式将生态环境损害赔偿金委托给该基金会，这样既能凸显生态环境损害赔偿金的公益性质，又能促进该笔资金的专业高效化使用。[3] 对于公益基金管理模式的构建还可以从以下几个方面加以思考：

---

〔1〕 王辉、杜伟杰：《生态环境损害赔偿金管理制度的检视与完善——以长江流域 36 个环境公益诉讼案件为研究样本》，载《人民司法》2022 年第 31 期。

〔2〕 参见孟庆瑜、徐艺霄：《生态环境修复基金制度构建的实证分析与理论设想》，载《河北学刊》2021 年第 2 期。

〔3〕 张扩振、王柏川：《慈善信托基金下的生态环境损害赔偿金管理模式探析》，载《中共山西省委党校学报》2024 年第 3 期。

一是多元化组建模式。根据我国《基金会管理条例》第3条的规定，基金会分为面向公众募捐和不得面向公众募捐的基金会。按照公开募捐的地域范围大小，又可将面向公众募捐的基金会分为全国性公募基金会和地方性公募基金会。据此规定，生态环境损害赔偿基金会接受社会募捐等公共资金，应当属于公募基金的范畴；既然属于公募基金，那么基于募捐的地域范围可分别设立全国性的公募基金会和地方性公募基金会。[1] 尽管我国在构建全国性的生态环境损害赔偿基金方面暂无直接经验，但在环保领域已拥有了设立全国性公募基金的宝贵实践。诸如设立于1993年的"中国环境保护基金会"，它作为我国首个致力于环境保护事业的全国性公募基金会，自成立以来，在环境保护领域开展了数百个环保公益项目和活动，取得了显著的环境和社会效益。因此，可以参照环境保护领域中设立的全国性公募基金会的建设经验，构建全国性的生态环境损害赔偿基金会。[2] 一方面，全国性的生态环境损害赔偿基金会的构建有利于解决跨省域类生态环境污染问题，赔偿权利人可要求赔偿义务人将生态环境损害赔偿金支付至全国性的生态环境损害赔偿基金会，并由该全国性基金会对资金的使用安排作出统一调度，从而为跨省域类环境污染问题提供资金支持。另一方面，全国性公募基金的设立不仅能够对分散于各地的环保资金进行系统的整合与规划，还能优化政府拨款和公募资金的流通渠道，进而提高环保

---

〔1〕 林煜：《我国生态环境损害赔偿资金制度的困境与出路》，载《中国环境管理》2019年第4期。

〔2〕 郭武、岳子玉：《生态环境损害赔偿金的管理模式选择与法律制度构建》，载《兰州学刊》2020年第12期。

资金的利用效率。

二是分权管理的生态环境损害赔偿基金使用与监督。设立生态环境损害赔偿基金会的目的在于提高资金的使用效率，保证损害赔偿金的专款专用，以及建立起公开透明、易于监督的资金管理使用制度，从而保障受损害的生态环境可得到及时、有效的修复。基金会成功建立后，资金的高效管理与监督是基金会发挥应有作用的关键之所在。对此，应构建起分权管理的生态环境损害赔偿基金使用与监督制度。分权管理机制的构建，主要分为纵向的级别分权和横向的职能分权〔1〕。纵向的级别分权是指对于全国性的生态环境损害赔偿基金会和地方性生态环境损害赔偿基金会的分别管理。对于影响范围仅限于本地区的生态环境损害案件，应由地方的基金会和政府机构处理；对于跨省域或跨流域的生态环境损害案件，应交由全国性的基金会对诉讼、索赔以及资金的调度等工作进行统一处理。级别分权的优点在于明确地方性和全国性基金会的职能范围，有利于省去审批等繁琐程序，提高响应速度和生态环境修复的效率。横向的职能分权是指对于资金的存收、申请、审批、使用等各个环节的职能分权。通过在基金会内建立起各职能部门，明确各部门内职责，从而形成一套完整、高效的资金管理、使用办法，横向分权的好处是能有效分配各主体权利，实现主体间的相互制约，防止权力腐败的发生，从而保障资金安全，实现生态环境损害赔偿资金的专款专用。

---

〔1〕 郭武、岳子玉：《生态环境损害赔偿金的管理模式选择与法律制度构建》，载《兰州学刊》2020 年第 12 期。

三是外部合作的多元协调。生态环境的修复工作仅凭基金会的力量无法高效地完成，需要多个部门、组织的协调合作，因此，有必要建立起多元协调的外部合作机制。有学者提出要从沟通协调机制的视角加强不同部门之间共同致力于生态环境修复工作，如建立起与环保公益组织的有效沟通。环境公益诉讼中，环保公益组织常作为适格的原告对生态环境损害者提起诉讼，在以环保公益组织作为原告的情况下，其为了案件的胜诉，往往需对生态环境受损情况做详细的调查，从而对环境受损的实际情况及恢复环境所需要的费用与方式有更加清晰的了解。建立起与环保公益组织的有效沟通，由环保公益组织提出具有针对性的环境修复建议并对修复过程进行监督，有利于节约调查成本、发挥环保公益组织的专业优势、提高环境修复工作的效率。为此，可建立与政府部门之间的长效协调机制。例如，生态环境损害赔偿基金会作为具有官方背景的官方系统型基金会，与相关政府部门关系密切，其工作的顺利开展需要得到相关政府部门的大力支持。因此，法院、检察院等司法机关与环保、公安等政府部门需相互协调、依法履职，以保证通过磋商、诉讼等方式所获的生态环境损害赔偿资金可以及时执行到位，确保基金会的资金能够合理流转与高效分配。此外，相关部门可以选派代表定期或不定期地对生态环境损害赔偿资金的使用情况进行监督，确保生态环境损害赔偿资金能够被正确、高效使用,〔1〕从而为生态环境修复工作保驾护航。

---

〔1〕 王辉、杜伟杰：《生态环境损害赔偿金管理制度的检视与完善——以长江流域 36 个环境公益诉讼案件为研究样本》，载《人民司法》2022 年第 31 期。

三、公众参与制度

（一）公众参与解决环境治理纠纷的现状

全社会参与环境治理发端于20世纪70年代，世界银行和联合国发展委员会以报告的形式把各国的治理实践以系列经验和理论成果的方式呈现，并从政策主体多元化、实施过程参与化、政策类型多样化等方面创新了环境治理的内容。世界银行在其报告中指出，当前环境政策研究需要综合运用政府规制、市场机制及公众参与等三种政策工具。[1] 在环境治理纠纷解决中，对公众参与做了更深刻的认识，社会公众、组织在环境治理中不仅仅在于对政策的规划等的参与，更重要的是从治理主体的视角，将其与政府置于相对平等的地位，将公众参与作为社会公众、组织解决纠纷的重要制度。公众参与环境治理包括三个阶段：一是发端参与，即参与到有关环境保护政策的决策程序中；二是过程参与，即参与到环境保护的相关行政管理程序中；三是终端参与，即参与到对政府环保行为的社会回应机制中。

面对环境治理过程中政府失灵和市场失灵的困境，引入社会主体参与是环境治理的基本内涵。我国《环境保护法》把公众参与作为基本原则之一，并出台了《环境保护公众参与办法》

〔1〕 参见刘淑妍：《公众参与导向的城市治理——利益相关者分析视角》，同济大学出版社2010年版，第218页。

《环境影响评价公众参与办法》等规章对公众参与环境保护公共事务活动的知情权、参与权、表达权和监督权等权利予以保障。参与权、表达权是社会公众在参与环境治理过程中实现纠纷解决的最为重要的两个权利，只有确保作为治理的主体的社会公众能够参与到纠纷解决之中，该环境治理的纠纷解决才可能有出口。社会公众是一个广泛的概念，本书将社会公众作为与环境 NGOs 相区别的概念，此处的社会公众是社会组织、法人之外的个人，根据不同的标准，社会公众又可细分为专家、利益相关人和一般社会公众等。公众可以通过听证会、座谈会、专家论证会、信访等方式与政府就环境治理纠纷进行协商谈判。同时，在社会公众参与纠纷解决时，还面临着参与效力的问题，政府只是听取社会公众对纠纷解决的意见和建议，最终的决定权还是在政府手中，公众在纠纷解决中的所应有的决策权利并不能体现，这使得公众参与制度在纠纷解决过程中的实效难以得到发挥。

环境 NGOs 是在公民社会发展的推动和政府组织的支持的双重影响之下得以发展壮大。环境 NGOs 是公民社会的重要组成部分，其能从整体上反映社会公众对环境治理的需求，也能够以其优势实现分散化的社会公众所不能实现的环境治理活动，通过积极地参与和影响环境政策的制定、宣传环保政策提升公民环保意识、组织公众开展生态环境保护活动等，获得社会公众的信任。而国家通过相关立法给予环境 NGOs 合法认可的有效程序，推动其法律地位的有效上升，环境 NGOs 能够通过其自身优势配合政府开展环境治理活动、以其专业性为政府提供相关环境信息或对信息进行搜集、处理，其也是政府开展环境治理的重要帮手。因而，环境 NGOs 以其非政府性、非营利性、社会公益性、自愿性、自治性和合法性的特征，在社会公众与政府因环境治理发生纠纷时，无论从其自身的独立性而言，还是其在与社会公众与政府建立的良好关系上，都可以使得其具有协调主体间治理纠纷的能力和合理性。环境 NGOs 通过提起公益诉讼的方式解决纠纷也是参与的一种表现，但本书不归入公众参与制度的内容，而分别作为公益诉讼制度和诉讼方式的内容。

（二）公众参与解决环境治理纠纷的局限

1. 社会公众参与纠纷解决的效力不足

社会公众以参与方式实现纠纷的解决。社会公众能够参与制度规定的方式参与环境治理，那么对环境治理过程中产生的纠纷也当然能够通过参与的方式进行纠纷解决。公众参与是政府与公民关系重构的过程，因此，社会公众参与环境治理的过程与政府密切相关，是社会公众参与环境决策的过程，也是社会公众监督政府行使环境治理职权的过程，也是公众通过参与程序解决与政府间纠纷的过程。《环境保护公众参与办法》第 4 条第 1 款规定："环境保护主管部门可以通过征求意见、问卷调查，组织召开座谈会、专家论证会、听证会等方式征求公民、法人和其他组织对环境保护相关事项或者活动的意见和建议。"公众参与的方式具有多样性，但纠纷解决的过程需要纠纷主体之间针对某一问题的解决即时互动，因而征求意见、问卷调查等方式仅是意见的收集、反馈方式且在互动性上羸弱，因此难以成为纠纷解决的方式。座谈会、专家论证会、听证会能够让社会公众代表充分表达纠纷解决的意愿和提出纠纷解决的方案，与地方政府对话合意解决环境治理纠纷。但是，法律规定无论是座谈会、专家论证会还是听证会或者信访等方式，都是社会公众提出建议、反馈信息、参与决策的方式，实践中却都面临着社会公众有参与权、话语权却对纠纷的解决无法产生实效，而落入仅仅只是参与纠纷的解决过程，而不产生纠纷解决效力的问题。

2. 环境 NGOs 参与纠纷解决的局限性

环境 NGOs 协调解决纠纷，从全球视野来看，国际环境 NGOs 因其在制度上与国家分离，从而使得其成为一种超越国家之上的行为体，在环境治理中能够较好的协调主权国家和地区之间以及国家内部的关系，其充当了一个组织协调第三方的角色，为世界各国和地区、国家内部各治理主体的交流与合作搭建起良好的平台，可以较好的实现环境治理主体意见的协调，进而达成环境治理的合意，[1] 因而在国际社会中充分发挥环境 NGOs 在协调国际环境治理纠纷解决的作用。但是，环境 NGOs 在我国的发展尚不完善，其面临资金不足和权力有限的问题，同时存在组织缺乏规范化、制度化和法定化的问题，在组织管理上缺乏强制性责任机制的约束，缺乏社会公信力，在面对政府和企业的对抗或纠纷时显得力不从心。[2]

（三）公众参与解决环境治理纠纷效力的提升

社会公众通过参与环境治理的过程与政府协商，从而解决环境治理纠纷。社会公众参与环境治理过程效力过低主要是因为政

〔1〕 刘子平：《环境非政府组织在环境治理中的作用研究——基于全球公民社会的视角》，中国社会科学出版社 2016 年版，第 65 页。

〔2〕 张乐群：《论环境 NGO 在环境公益诉讼中的困境及其出路》，载《兰州交通大学学报》2009 年第 5 期。

府过度权力决策或公众参与不足而导致参与缺失或形式主义的情形以及公众滥用参与权利阻碍政府科学决策的情况。公众参与目的是公众根据需求参与政府决策和执行之前预先设想的行为或结果，其贯彻参与始终并影响参与过程和结果。在个人利益的驱动下公众可能选择积极争取也可能选择消极等待政府决策。公众消极等待政府决策（“搭便车”现象）容易导致“零参与”现象，政府就不得不因此进行“非民主”的独自决策而出现公众参与不足的情况。正如亚里士多德所言：“凡是属于最多数人的公共事物，常常是最少受人照顾的事物，人们关怀着自己的所有，而忽视公共事物，对于公共的一切，他们至多只关心到其中对他们个人多少有些相关的事物。”公众在参与过程中为实现个人目的而滥用参与权利，对政府决策或执行进行“权利绑架”，尤其是利害关系人，经常采取激进的方式要求政府采纳其建议或满足其要求，强制实现其绝对参与效力，置政府的科学决策于惘然。

要实现对环境治理纠纷的协商解决，一是需要对公众行为的规制，二是要政府保障社会公众参与效力。公众参与效力体现为公众提出的意见或要求对政府决策或执行的影响力。但由于客观实践中，总是出现两种极端的情况：要么参与效力过高，要么参与效力过低，使得“政府应当在多大程度上与公众分享决策或执行的影响力，才能既达到公众可接受性要求，又达到科学决策的需要”成为公众参与中的难题。由此可见，这一问题的解决，应当对公众参与效力设置合理的界定准则和保障机制，方能保障政府与社会公众之间的协商能够有效解决环境治理中的纠纷。

1. 对参与效力的界定需要建立在明确的纠纷解决目的基础上

科恩教授将参与过程中的行政目的总体分为两类：一是为社会成员提供保护的，使决定不伤害他或产生对他有利的影响；二是便于高效作出决定来实现公众意志。“保护”与“效率”之间必然发生冲突，无法将二者同时增至最大限度。[1] 政府环境决策和执行中，有些阶段应当充分保障公众的民主参与权，保障公民表达诉求、意见和建议的权利，尤其是涉及到公民的切身利益的环节更应当组织公众参与，使作出的决策能保护公众的切身利益。例如，在环境治理行为发起或者过程中可以通过公开征集意见等方式广泛地邀请公众参与讨论，以了解公众对环境治理的需求，也可以同时以座谈会的方式邀请利害关系人参与其中，了解利害关系人切身利益的需求。于我国实践而言还可细分为以下四类：一是以科普宣传教育为目的，公众被动接受即可；二是以收集公众对参与事项的反馈信息为目的，公众参与即可；三是以与公众就参与事项进行协商互动，共同决策或者获得公众对政府的决策支持为目的，行政机构仍保留最终决定权；四是以实现公众主导自主决策为目的。

“参与阶梯理论”被称为参与效力界定的理论工具，Sherry Arnstein 的参与效力阶梯理论将公众参与划分为三个程度——无参与、象征性参与、主导性参与，并细分为操纵、治疗、告知、咨询、安抚、合作、授权和公民主导八个阶段。本书认为，我国公众参与效力界定可从环境治理过程中纠纷解决的目的出发，结

〔1〕［美］科恩：《论民主》，聂崇信、朱秀贤译，商务印书馆 1988 年版，第 65 页。

合参与事项的类型及与公众的利害关系程度，借鉴“参与阶梯理论”对参与阶段的划分，并通过法律规范的方式将其确定。例如，在涉及利害关系人利益的部分与利害关系人协商沟通（合作），共同决策或者争取获得利害关系人对决策的支持。

2. 理想数量的最具有代表性的公众参与

只有达到理想数量的最具有代表性的公众参与，才能体现出最广大人民的根本意志，使得公众参与的民主价值得到最大发挥。参与者的选取标准和身份比例是实现代表性的重要因素。在不同类型环境治理活动的参与中，参与主体要有不同的侧重，如专业技术领域就应当更多的聘请专家、学者，相关单位推荐技术实践人才。而对于不同身份的参与者在比例设计可以主要从以下三个方面进行考虑，一是职业构成，二是产生方式，三是利害关系人的范围。如在代表人的职业结构比例中，具有党政机关行政职务的官方或半官方人员的比例应当尽量占极少部分，毕竟具有环境治理职权很容易先入为主的带有政治倾向；从产生方式上可以隐约预判代表人所代表的一方利益，由单位推荐、主管部门聘请的代表人，在很大程度上会代表着政府一方的意见，因此，根据参与事项的内容对该类产生方式产生的代表人数要适当划分比例，同时对代表人产生的程序予以公开，体现参与代表人产生的合法性；对于某地公众参与的决策或执行事项对全国范围内或其他地域公众的利益产生影响的，应当同时在全国范围内或其他地域征集利害关系人的意见，而不能限于本地公众的参与，避免因地方保护主义而侵害其他权利人的利益。

3. 参与效力的法律强制保障

在保留政府的决策或执行的最终决定权的前提下，公众参与主体具备代表性和公众参与效力等级划分不足以保障参与效力，要使公众参与既不流于形式也不完全被公众主导，就必须对参与效力予以法律的强制保障。但是，我国法律法规中对公众参与效力保障的条款屈指可数且无实操性。例如，《环境影响评价公众参与暂行办法》规定“建设单位或者其委托的环境影响评价机构，应当认真考虑公众意见，并在环境影响报告书中附具对公众意见采纳或者不采纳的说明”，意味着公众参与环境评价时，公众参与意见仅限于“认真考虑”，而对于何为“认真”、如何“考虑”却没有细致的规定，即对公众参与效力缺乏明确的保障。

参与效力虽不能在参与之初予以确定，但以公众参与具体情况为基础，以纠纷解决的目的为出发点，在决策或执行过程中必须以书面的形式对参与效力予以确定，并向社会公众公开。同时，给予公众对决策或执行决定申诉的期限，明确申诉的方式，对于公众参与决策或执行的申诉方式应当较之一般的行政申诉更为灵活和快捷，如可以通过网络通道、信件或口头申诉，设立专门处置公众参与申诉的临时机构、委员会或网上平台对公众的申诉统一处理。

4. 责任追究

对政府的违法行为和公众滥用参与权利实施的违法行为进行追责是对公众参与过程和效力的保障。政府在公众参与环境决策或执行之前必须对参与信息以公开的形式告知公众，参与情况以及决策或执行的程序、结果也应当向公众公开，对违反公开要求的行政行为应当给予相应的行政追责。对政府行为违反参与程序规定导致影响参与结果性质的，参与结果无效，同时政府承担参与过程的成本损失和相应责任；造成生态环境损害结果的，应承担相应的刑事责任。对违反参与程序但并不影响参与结果的性质的，应当对程序瑕疵予以修正。[1] 对于参与过程中公众滥用参与权利，影响环境治理或者破坏参与过程的，应当给予相应的惩处。

---

〔1〕 肖萍、卢群：《城市治理过程中公众参与问题研究——以政府特许经营PPP项目为对象》，载《南昌大学学报（人文社会科学版）》2016年第6期。

结论与展望

在我国生态环境治理过程中政府规制占主导地位，政府通过法律或环境政策的手段实现对环境和其他治理主体的规制。但政府过多的干预会约束其他治理主体在环境治理中治理能力的发挥。随着向服务型政府转变，政府在对秩序调整中不再绝对的居于核心位置，且非政府主体治理能力的提升，使得其产生对环境治理的需求。政府实施直接控制的能力开展环境治理是有限的，要实现更加有效的规制，则应当与被规制主体的自我治理能力进行合作，因为实现规制目标的能力首要地掌握在被规制者手中。环境规制能力分散化的处于政府与非政府主体当中的现实，已经侵蚀了传统的规制过程是规制机构对被规制者运用科层权力的理论。当规制不再是一个主体简单地向另一主体施加某种要求的过程，而是以相互依存模式代替控制，各治理主体间表现出相互依存的关系。环境治理中多元治理主体的参与也可能会使得公共利益的界定和保护变得不稳定和困难重重，因为各治理主体对公共利益的认知会有所区别，而且由于参与主体社会力量的不平衡反而导致公共利益的受损。这就要求各治理主体为实现公共利益进行反身治理，加强对自我的治理，形成自组织化的治理结构，去进行自我规制及规制他人，将各主体的规范性期待得以最大化。

从制度规范性的角度来看，各主体的行为受到特定制度结构的限制，而制度结构往往缺乏对功能需求的及时回应能力，因而应当塑造规制运行的方式，构建回应性规制制度。

中央办公厅、国务院办公厅出台的《关于完善矛盾纠纷多元化解机制的意见》对于纠纷的解决要坚持“系统治理、依法治理、综合治理、源头治理”的原则，要探索新形势下预防化解矛盾纠纷的方法途径。源头的防控也是多元纠纷解决机制之一，因而我国在环境治理纠纷解决机制不断完善的过程中，还需要更多的注重从源头防控纠纷的发生，把诉源治理切实落实到位，发挥应有效能。同时应注重充分通过治理主体的自我规制来化解纠纷于源头之中。以下提出对于治理主体自我规制的展望：

回应性规制通过对规制制度和程序的设计，激发并回应被规制企业已经具有的规制能力。在回应性规制中突出法律在执行措施和规制形式的金字塔顶端的剩余角色，将规制者与被规制者更倾向于金字塔底部进行相对非正式的互动，即政府鼓励企业进行自我规制；当自我规制无法运作或无效时，政府可以强制自我规制，要求企业为自身制定规则，并上报给规制机构进行监督和执行；当强制自我规制无效时，政府需要将规制技术升级到命令式规制，即通过法律予以制裁。在此情况下，即使出现国家机构不能或不愿意行使环境治理权力的情况下，多个潜在的、重叠的控制行为可以间接运作，对环境污染或生态破坏的风险的控制仍有可能实现。

在环境治理中要不断挖掘社会公众、企业等非政府主体在环境治理中的自我组织能力，重视“自我组织能力”如何与“政府能力”相关联，以形成有效的规制体系。而法律能够帮助连接企业自我规制的内部能力与内部认同，这种从内部视角而言的反身性治理有三个层次，一是对话式，二是实用主义式，三是内生式。对话式强调治理主体间的对话交流，以促进关键主体在决策中的参与。实用主义式是关注决策过程的共同设计程序、校测和监督。内生式的治理不仅包括设定有效条件，强调治理主体所具有的反身能力，而且一旦治理主体内部建立起某种承诺，还涉及确保各主体有效实施承诺的有效制度，这种制度在法学界称之为“反身法”。反身法采取了介于形式法和实质法之间的中间立场，它既不会以权威的姿态来决定其他子系统的社会功能，也不规制它们输入和输出的实施，而是意在培养那些系统化地推进其他社会子系统内反思结构发展的机制〔1〕。在企业内部而言体现为一种自生的内部管理，是第三代自生系统论在企业自我规制中的理论体现。企业的内部环境管理试图把环境责任融入企业的日常营运、长期规划和质量管理中〔2〕。内部环境管理制度的建立促进了环保规制对企业环境表现的正向效应，通过企业自发建章立制，提前规制时机，有助于预防环境危害的发生。相对于政府规定的技术标准和绩效目标，企业显然更愿意遵守自己制定的内部管理制度，从而提升了遵从度。内部环境管理制度能够激励企业在法定要求之上寻求环保问题的更优解，而非满足于消极遵从〔3〕。通过企业自我规制实现治理意愿、治理能力的提升，同样环境 NGOs 也应当不断保持自身的独立性，完善章程的制定，

〔1〕 谭冰霖：《论第三代环境规制》，载《现代法学》2018 年第 1 期。

〔2〕 同上。

〔3〕 龙文滨、李四海、宋献中：《环保规制与中小企业环境表现——基于我国中小板与创业板上市公司的经验研究》，载《公共行政评论》2015 年第 6 期。

严格遵循内部制度，发挥自身优势参与环境治理，协调各治理主体之间的分歧。政府也应当在治理过程中不断的自我规范，通过自我改革不断适应环境治理的需要，以减少在环境治理过程中发生矛盾纠纷的可能性。

参考文献

一、中文著作

1. 《习近平谈治国理政》第二卷，外文出版社 2017 年版。

2. 俞可平：《民主与陀螺》，北京大学出版社 2006 年版。

3. 章剑生：《现代行政法总论》，法律出版社 2014 年版。

4. 陈振明主编：《公共管理学：一种不同于传统行政学的研究途径》，中国人民大学出版社 2003 年版。

5. 詹镇荣：《宪法框架下之国家独占》，政治大学法学院公法中心编：《全球化下之管制行政法》，元照出版社 2011 年版。

6. 王名扬：《王名扬全集：法国行政法》，北京大学出版社 2016 年版。

7. 《中国环境保护行政二十年》编委会编：《中国环境保护行政二十年》，中国环境科学出版社 1994 年版。

8. 张明顺编著：《环境管理》，中国环境科学出版社 2005 年版。

9. 吕志奎：《区域治理中政府间协作的法律制度：美国州际协议研究》，中国社会科学出版社 2015 年版。

10. 柯坚：《环境法的生态实践理性原理》，中国社会科学出版社 2012 年版。

11. 陈光：《区域立法协调机制的理论建构》，人民出版社 2014 年版。

12. 秦海波：《环境治理研究——以社会—生态系统为框架》，社会科学文献出版社 2018 年版。

13. 齐树洁、林建文主编：《环境纠纷解决机制研究》，厦门大学出版社 2005 年版。

14. 王锡锌主编：《行政过程中公众参与的制度实践》，中国法制出版社 2008 年版。

15. 王浦劬主编：《政治学基础》，北京大学出版社 1995 年版。

16. 叶必丰、何渊主编：《区域合作协议汇编》，法律出版社 2011 年版。

17. 王佃利：《邻避困境：城市治理的挑战与转型》，北京大学出版社 2017 年版。

18. ［美］易明：《一江黑水：中国未来的环境挑战》，姜智芹译，江苏人民出版社 2011 年版。

19. 王利明：《法治：良法与善治》，北京大学出版社 2015 年版。

20. 吕忠梅：《环境法新视野》，中国政法大学出版社 2007 年版。

21. 张梓太：《环境法律责任研究》，商务印书馆 2004 年版。

22. 李荣高等编：《云南林业文化碑刻》，德宏民族出版社 2005 年版。

23. 冯露：《环境纠纷行政解决机制实证研究》，北京大学出版社 2016 年版。

24. 金瑞林、汪劲：《20 世纪环境法学研究述评》，北京大学出版社 2003 年版。

25. 杨建广、骆梅芬编著：《法治系统工程》，中山大学出版社 1996 年版。

26. 熊继宁：《科技法学观与法制/法治系统工程——钱学森法制/法治系统工程设想研究》，中国系统工程学会会议论文集 2006 年版。

27. 俞可平：《走向善治》，中国文史出版社 2016 年版。

28. 王利明主编：《民法》，中国人民大学出版社 2000 年版。

29. 周枏：《罗马法原论》，商务印书馆 2014 年版。

30. 王泽鉴：《债法原理》，北京大学出版社 2009 年版。

31. 赵旭东：《通过合意的纠纷解决——合意性纠纷解决机制研究》，法律出版社 2017 年版。

32. 杨泽伟：《国际法》，高等教育出版社 2007 年版。

33. 刘旺洪主编：《区域立法与区域治理法治化》，法律出版社 2016 年版。

34. 贺荣：《行政争议解决机制研究》，中国人民大学出版社 2008 年版。

35. 何兵：《现代社会的纠纷解决》，法律出版社 2003 年版。

36. 姜明安主编：《行政执法研究》，北京大学出版社 2004 年版。

37. 姜明安主编：《行政法与行政诉讼法》，北京大学出版社 2011 年版。

38. 范愉：《纠纷解决的理论与实践》，清华大学出版社 2007

年版。

39. 顾培东：《社会冲突与诉讼机制》，法律出版社 2004 年版。

40. 赵旭东：《纠纷与纠纷解决原论——从成因到理念的深度分析》，北京大学出版社 2009 年版。

41. 范愉主编：《ADR 原理与实务》，厦门大学出版社 2002 年版。

42. 沈恒斌主编：《多元化纠纷解决机制原理与实务》，厦门大学出版社 2005 年版。

43. 刘子平：《环境非政府组织在环境治理中的作用研究——基于全球公民社会的视角》，中国社会科学出版社 2016 年版。

44. 赵银翠：《行政过程中的民事纠纷解决机制研究》，法律出版社 2012 年版。

45. 胡静：《流域跨界污染纠纷调处机制研究》，中国法制出版社 2017 年版。

46. 肖萍、刘冬京：《信访制度的法理研究》，群众出版社 2012 年版。

47. 刘文会：《当前纠纷解决理论法哲学基础的反思与超越——在权利与功利之间》，中国政法大学出版社 2013 年版。

48. 张康之：《行政伦理的观念与视野》，江苏人民出版社 2018 年版。

49. 叶榅平：《传统使命的现代转型：诉权保障理念、制度与程序》，法律出版社 2016 年版。

50. 蔡维力：《环境诉权初探》，中国政法大学出版社 2010

年版。

51. 邓一峰：《环境诉讼制度研究》，中国法制出版社 2008 年版。

52. 李明华、陈真亮：《环境法典立法研究：理念与方法》，法律出版社 2016 年版。

53. 范愉、李浩：《纠纷解决：理论、制度与技能》，清华大学出版社 2010 年版。

54. 熊德平：《农村金融与农村经济协调发展研究》，社会科学文献出版社 2009 年版。

55. 范愉：《非诉讼程序（ADR）教程》，中国人民大学出版社 2002 年版。

56. 吕忠梅等：《长江流域水资源保护立法研究》，武汉大学出版社 2006 年版。

57. 罗豪才等：《软法与公共治理》，北京大学出版社 2006 年版。

58. 别涛主编：《环境公益诉讼》，法律出版社 2007 年版。

59. 赵俊：《环境公共权力论》，法律出版社 2009 年版。

60. 陈春龙：《中国国家赔偿论》，中国社会科学出版社 2015 年版。

61. 樊启荣编著：《责任保险与索赔理赔》，人民法院出版社 2002 年版。

62. 刘淑妍：《公众参与导向的城市治理——利益相关者分析视角》，同济大学出版社 2010 年版。

63. 贾峰：《美国超级基金法研究：历史遗留污染问题的美国解决之道》，中国环境出版社 2015 年版。

二、中文译著

64. ［日］交告尚史等:《日本环境法概论》，田林、丁倩雯译，中国法制出版社 2014 年版。

65. ［日］黑川哲志:《环境行政的法理与方法》，肖军译，中国法制出版社 2008 年版。

66. ［美］约·埃尔斯特主编:《协商民主：挑战与反思》，周艳辉译，中央编译出版社 2009 年版。

67. ［美］詹姆斯·菲什金、［英］彼得·拉斯莱特主编:《协商民主论争》，张晓敏译，中央编译出版社 2009 年版。

68. ［英］凯恩斯:《就业、利息和货币通论》，徐毓枬译，商务印书馆 1983 年版。

69. ［美］戴维·奥斯本、特德·盖布勒:《改革政府：企业精神如何改革着公营部门》，上海市政协编译组、东方编译所译，上海译文出版社 1996 年版。

70. ［美］詹姆斯·N. 罗西瑙主编:《没有政府的治理》，张胜军、刘小林等译，江西人民出版社 2001 年版。

71. ［美］L. 科塞:《社会冲突的功能》，孙立平等译，华夏出版社 1989 年版。

72. ［美］斯蒂芬·B. 戈尔德堡等:《纠纷解决——谈判、调解和其它机制》，蔡彦敏、曾宇、刘晶晶译，中国政法大学出版社 2004 年版。

73. ［美］约翰·R. 洛根、哈维·L. 莫洛奇:《都市财富——空间的政治经济学》，陈那波等译，格致出版社、上海人民出版社 2016 年版。

74. ［英］安东尼·吉登斯：《失控的世界》，周红云译，江西人民出版社 2001 年版。

75. ［英］Stephen P. Osborne 编著：《新公共治理？——公共治理理论和实践方面的新观点》，包国宪、赵晓军等译，科学出版社 2016 年版。

76. ［日］河本英夫：《第三代系统论：自生系统论》，郭连友译，中央编译出版社 2016 年版。

77. ［英］戴瑞克·希金斯：《系统工程：21 世纪的系统方法论》，朱一凡、王涛、杨峰译，中国工信出版集团，电子工业出版社 2017 年版。

78. ［法］莱昂·狄骥：《公法的变迁·法律与国家》，郑戈、冷静译，辽海出版社、春风文艺出版社 1999 年版。

79. ［美］约瑟夫·F. 齐默尔曼：《州际合作——协定与行政协议》，王诚译，法律出版社 2013 年版。

80. ［美］科恩：《论民主》，聂崇信、朱秀贤译，商务印书馆 1988 年版。

81. ［意］莫诺·卡佩莱蒂编：《福利国家与接近正义》，刘俊祥等译，法律出版社 2000 年版。

82. ［美］霍贝尔：《原始人的法》，严存生等译，法律出版社 2006 年版。

83. ［美］李侃如：《治理中国：从革命到改革》，胡国成、赵梅译，中国社会科学出版社 2010 年版。

84. ［日］棚濑孝雄：《纠纷的解决与审判制度》，王亚新译，中国政法大学出版社 2004 年版。

85. ［日］原田尚彦：《环境法》，于敏译，法律出版社 1999

年版。

86. ［美］保罗·沃伦·泰勒：《尊重自然：一种环境伦理学理论》，雷毅、李小重、高山译，首都师范大学出版社 2010 年版

87. ［日］佐佐木毅、［韩］金泰昌主编：《地球环境与公共性》，韩立新、李欣荣译，人民出版社 2009 年版。

三、中文期刊

88. 刘艺：《论国家治理体系下的检察公益诉讼》，载《中国法学》2020 年第 2 期。

89. 吴英姿：《论生态环境损害赔偿磋商协议的司法确认》，载《清华法学》2023 年第 5 期。

90. 王树义、李华琪：《论我国生态环境损害赔偿诉讼》，载《学习与实践》2018 年第 11 期。

91. 胡肖华、熊炜：《生态环境损害赔偿磋商的现实困境与制度完善》，载《江西社会科学》2021 年第 11 期。

92. 黄锡生、韩英夫：《生态损害赔偿磋商制度的解释论分析》，载《政法论丛》2017 年第 1 期。

93. 李一丁：《生态环境损害赔偿行政磋商：性质考辩、意蕴功能解读与规则改进》，载《河北法学》2020 年第 7 期。

94. 况文婷、梅凤乔：《论责令赔偿生态环境损害》，载《农村经济》2016 年第 5 期。

95. 刘莉、胡攀：《生态环境损害赔偿磋商制度的双阶构造解释论》，载《甘肃政法学院学报》2019 年第 1 期。

96. 夏立安、钱炜江：《论法律中的形式与实质》，载《浙江

大学学报（人文社会科学版）》2012 年第 5 期。

97. 王莉、许微：《生态环境损害赔偿磋商制度法律属性的再识别——以协商行政理论为视角》，载《河南财经政法大学学报》2023 年第 1 期。

98. 史玉成、芝慧洁：《生态环境损害赔偿磋商制度的二元解释论辩正》，载《南京航空航天大学学报（社会科学版）》2023 年第 2 期。

99. 何璐希：《生态环境损害赔偿磋商协议纠纷与程序应对研究》，载《大连理工大学学报（社会科学版）》2022 年第 6 期。

100. 陈俊宇、徐澜波：《生态环境损害赔偿磋商协议之性质厘定与司法效果》，载《当代法学》2022 年第 6 期。

101. 罗丽：《生态环境损害赔偿诉讼与环境民事公益诉讼关系实证研究》，载《法律适用》2020 年第 4 期。

102. 巩固：《生态环境损害赔偿诉讼与环境民事公益诉讼关系探究——兼析〈民法典〉生态赔偿条款》，载《法学论坛》2022 年第 1 期。

103. 王斐：《环境法典编纂中生态环境损害赔偿诉讼制度的定位与融入》，载《北方法学》2023 年第 3 期。

104. 孙洪坤、范雅莉：《生态环境损害赔偿诉讼与环境民事公益诉讼衔接困境及其破解》，载《南京工业大学学报（社会科学版）》2023 年第 5 期。

105. 林莉红、邓嘉咏：《论生态环境损害赔偿诉讼与环境民事公益诉讼之关系定位》，载《南京工业大学学报（社会科学版）》2020 年第 1 期。

106. 潘牧天：《生态环境损害赔偿诉讼与环境民事公益诉讼的诉权冲突与有效衔接》，载《法学论坛》2020 年第 6 期。

107. 彭中遥：《论生态环境损害赔偿诉讼与环境公益诉讼之衔接》，载《重庆大学学报（社会科学版）》2021 年第 3 期。

108. 王小钢：《生态环境损害赔偿诉讼的公共信托理论阐释——自然资源国家所有和公共信托环境权益的二维构造》，载《法学论坛》2018 年第 6 期。

109. 李兴宇：《生态环境损害赔偿诉讼的类型重塑——以所有权与监管权的区分为视角》，载《行政法学研究》2021 年第 2 期。

110. 程玉：《我国生态环境损害赔偿制度的理论基础和制度完善》，载《中国政法大学学报》2022 年第 1 期。

111. 罗丽、赵新：《生态环境损害赔偿诉讼主体资格及衔接关系实证研究——以〈民法典〉实施后第 1234 条、第 1235 条适用为视角》，载《河北法学》2023 年第 7 期。

112. 浙江省湖州市中级人民法院与中国人民大学法学院联合课题组、李艳芳：《生态环境损害赔偿诉讼的目的、比较优势与立法需求》，载《法律适用》2020 年第 4 期。

113. 朱莉・库尔图瓦、莫婷婷：《诉讼中的环境利益呈现——以中法比较为视角》，载《法治社会》2023 年第 6 期。

114. 石春雷：《检察机关提起行政附带民事公益诉讼诸问题——从“检例第 29 号”谈起》，载《海南大学学报（人文社会科学版）》2021 年第 1 期。

115. 李爽：《论刑事附带民事诉讼制度的立法完善——寻求利益平衡的途径》，载《中国人民公安大学学报（社会科学

版）》2012 年第 1 期。

116. 梅傲寒：《检察行政附带民事公益诉讼制度的构建困境与突破路径——以检察环境公益诉讼为例》，载《河南社会科学》2024 年第 4 期。

117. 葛迪等：《环境公益诉讼立案难及其纾解》，载《中国检察官》2023 年第 23 期。

118. 徐以祥：《德国生态环境监管法律制度考察及其镜鉴》，载《国外社会科学》2022 年第 3 期。

119. 王旭光等：《〈中国生物多样性保护与绿色发展基金会诉宁夏瑞泰科技股份有限公司环境污染公益诉讼案〉的理解与参照——社会组织是否具备环境民事公益诉讼原告主体资格的认定》，载《人民司法（案例）》2018 年第 23 期。

120. 鲁军等：《〈云南省剑川县人民检察院诉剑川县森林公安局怠于履行法定职责环境行政公益诉讼案〉的理解与参照——环境行政公益诉讼案件中审查行政机关履行法定职责应以穷尽行政手段有效制止违法行为且充分保护公共利益为标准》，载《人民司法》2022 年第 11 期。

121. 王社坤、吴亦九：《生态环境修复资金管理模式的比较与选择》，载《南京工业大学学报（社会科学版）》2019 年第 1 期。

122. 罗光黔：《生态环境损害赔偿资金，由谁管？怎么管？——基于地方探索实践的一些思考》，载《中国生态文明》2018 年第 4 期。

123. 张奇林、孙蔚：《中国基金会的多重制度逻辑冲突及其治理》，载《中州学刊》2023 年第 12 期。

124. 林煜：《我国生态环境损害赔偿资金制度的困境与出路》，载《中国环境管理》2019 年第 4 期。

125. 郭武、岳子玉：《生态环境损害赔偿金的管理模式选择与法律制度构建》，载《兰州学刊》2020 年第 12 期。

126. 程多威、王灿发：《生态环境损害赔偿制度的体系定位与完善路径》，载《国家行政学院学报》2016 年第 5 期。

127. 吕忠梅：《环境友好型社会中的环境纠纷解决机制论纲》，载《中国地质大学学报（社会科学版）》2008 年第 3 期。

128. 王灿发、许可祝：《中国环境纠纷的处理与公众监督环境执法》，载《环境保护》2002 年第 5 期。

129. 刘春：《行政协议中“权利处分”条款的合法性》，载《政治与法律》2018 年第 4 期。

130. 郭少青：《国外环境公共治理的制度实践与借鉴意义》，载《国外社会科学》2016 年第 3 期。

131. 张梓太、李晨光：《关于我国生态环境损害赔偿立法的几个问题》，载《南京社会科学》2018 年第 3 期。

132. 王克稳：《论自然资源国家所有权权能》，载《苏州大学学报（哲学社会科学版）》2018 年第 1 期。

133. 孙宪忠：《根据民法原理来思考自然资源所有权的制度建设问题》，载《法学研究》2013 年第 4 期。

134. 王曦：《论环境公益诉讼制度的立法顺序》，载《清华法学》2016 年第 6 期。

135. 李一丁：《生态环境损害赔偿制度改革：现状、问题与立法建议》，载《宁夏社会科学》2018 年第 4 期。

136. 谈火生：《协商民主理论发展的新趋势》，载《科学社会主义》2015 年第 6 期。

137. 俞可平：《全球治理引论》，载《马克思主义与现实》2002 年第 1 期。

138. 张衔春等：《内涵·模式·价值：中西方城市治理研究回顾、对比与展望》，载《城市发展研究》2016 年第 2 期。

139. 李万新：《中国的环境监管与治理——理念、承诺、能力和赋权》，载《公共行政评论》2008 年第 5 期。

140. 王佃利、展振华：《范式之争：新公共管理理论再思考》，载《行政论坛》2016 年第 5 期。

141. 程雨燕：《美国生态损害赔偿：磋商和解是核心》，载《环境经济》2017 年第 3 期。

142. 夏光：《论社会制衡型环境治理模式》，载《环境保护》2014 年第 14 期。

143. 俞可平：《治理与善治：一种新的政治分析框架》，载《南京社会科学》2001 年第 9 期。

144. 曲正伟：《多中心治理与我国义务教育中的政府责任》，载《教育理论与实践》2003 年第 17 期。

145. 郁建兴、王诗宗：《治理理论的中国适用性》，载《哲学研究》2010 年第 11 期。

146. 何劭玥：《党的十八大以来中国环境政策新发展探析》，载《思想战线》2017 年第 1 期。

147. 侯小阁、栾胜基、艾东：《结构性环境问题——我国环境评价遭遇的“结构”困境》，载《生态环境》2008 年第 2 期。

148. 熊鹏：《环境保护与经济发展——评波特假说与传统新古典经济学之争》，载《当代经济管理》2005 年第 5 期。

149. 胡建淼：《处理好权与法的关系》，载《求是》2015 年第 11 期。

150. 苏力：《当代中国法律中的习惯——一个制定法的透视》，载《法学评论》2001 年第 3 期。

151. 宋瑞兰：《论法律调整机制》，载《法律科学（西北政法学院学报）》1998 年第 5 期。

152. 汪伟全：《中国地方政府竞争：从产品、要素转向制度环境》，载《南京社会科学》2004 年第 7 期。

153. 刘芳、徐艳荣：《对我国环保 NGOs 的法律分析》，载《当代法学》2002 年第 6 期。

154. 于建嵘：《共治威权与法治威权——中国政治发展的问题和出路》，载《当代世界社会主义问题》2008 年第 4 期。

155. 杜辉：《论制度逻辑框架下环境治理模式之转换》，载《法商研究》2013 年第 1 期。

156. 王曦：《当前我国环境法制建设亟需解决的三大问题》，载《法学评论》2008 年第 4 期。

157. 墨绍山：《环境群体性事件危机管理：发生机制及干预对策》，载《西北农林科技大学学报（社会科学版）》2013 年第 5 期。

158. 江必新、李春燕：《公众参与趋势对行政法和行政法学的挑战》，载《中国法学》2005 年第 6 期。

159. 肖萍、卢群：《城市治理过程中公众参与问题研究——以政府特许经营 PPP 项目为对象》，载《南昌大学学报（人文社会科学版）》2016 年第 6 期。

160. 曹莉萍：《市场主体、绩效分配与环境污染第三方治理方式》，载《改革》2017 年第 10 期。

161. 徐清飞：《地方治理中的权力真空及其防范》，载《法学》2015 年第 3 期。

162. 石佑启、潘高峰：《论区域经济一体化中政府合作的执法协调》，载《武汉大学学报（哲学社会科学版）》2014 年第 1 期。

163. 钱昊平：《立法协作：东北三省的尝试》，载《人大建设》2006 年 10 期。

164. 汪锦军：《合作治理的构建：政府与社会良性互动的生成机制》，载《政治学研究》2015 第 4 期。

165. 史云贵、欧晴：《社会管理创新中政府与非政府组织合作治理的路径创新论析》，载《社会科学》2013 年第 4 期。

166. 向俊杰：《协同治理：生态文明建设中政府与市场关系的历史趋势》，载《黑龙江社会科学》2014 年第 6 期。

167. 王琪、韩坤：《环境污染第三方治理中政企关系的协调》，载《中州学刊》2015 年第 6 期。

168. 张孝德、丁立江：《面向新时代乡村振兴战略的六个新思维》，载《行政管理改革》2018 年第 7 期。

169. 谢晖：《论民间法结构于正式秩序的方式》，载《政法论坛》2016 年第 1 期。

170. 罗豪才、袁曙宏、李文栋：《现代行政法的理论基础——论行政机关与相对一方的权利义务平衡》，载《中国法学》1993 年第 1 期。

171. 罗豪才：《为了权利与权力的平衡——对话罗豪才》，载《中国法律评论》2014 年第 1 期。

172. 郭润生、宋功德:《控权——平衡论——兼论现代行政法的历史使命》,载《中国法学》1997 年第 6 期。

173. 刘连泰:《斜坡上的跷跷板游戏:平衡论述评》,载《清华法学》2015 年第 1 期。

174. 潘云华:《控权是平衡论的核心——关于行政法理论基础的思考》,载《南京师大学报(社会科学版)》2000 年第 5 期。

175. 卢群、肖萍:《城乡环境综合治理的法律协调机制研究》,载《南昌大学学报(人文社会科学版)》2018 年第 4 期。

176. 范兴嘉、潘凤湘:《我国建立环境仲裁法律制度的理论依据与现实基础》,载《环境保护》2018 年第 Z1 期。

177. 柯坚:《中国环境与资源保护法体系的若干基本问题——系统论方法的分析与检视》,载《重庆大学学报(社会科学版)》2012 年第 1 期。

178. 吴世宦:《法治系统工程研究在中国》,载《系统工程》1991 年第 3 期。

179. 杨建广:《法治系统工程二十年(上)》,载《现代法学》1999 年第 5 期。

180. 燕继荣:《善治理论 3.0 版》,载《人民论坛》2012 年第 24 期。

181. 俞可平:《没有法治就没有善治——浅谈法治与国家治理现代化》,载《马克思主义与现实》2014 年第 6 期。

182. 何渊:《州际协定——美国的政府间协调机制》,载《国家行政学院学报》2006 年 2 期。

183. 王玉明、刘湘云:《美国环境治理中的政府协作及其借鉴》，载《经济论坛》2010 年第 5 期。

184. 牟文义、胡晓红：《WTO 绿色规则与 MEAs（多边环境条约）协调之分析》，载《兰州商学院学报》2006 年第 3 期。

185. 杨培雷：《区域贸易协定中的多边环境协议所涉问题浅析》，载《中国环境管理干部学院学报》2014 年第 5 期。

186. 肖萍、卢群：《跨行政区协同治理“契约性”立法研究——以环境区域合作为视角》，载《江西社会科学》2017 年第 12 期。

187. 黎建飞：《论立法形式与立法文字》，载《中南政法学院学报》1991 年第 3 期。

188. 王树义：《环境治理是国家治理的重要内容》，载《法制与社会发展》2014 年第 5 期。

189. 陈廷榔：《德国如何防治土壤污染?》，载《今日国土》2012 年第 9 期。

190. 王丽萍：《环境政策的类型与特点分析》，载《资源开发与市场》2013 年第 5 期。

191. 肖建华、邓集文：《多中心合作治理：环境公共管理的发展方向》，载《林业经济问题》2007 年第 1 期。

192. 黄爱宝：《论走向后工业社会的环境合作治理》，载《社会科学》2009 年第 3 期。

193. 朱德米：《从行政主导到合作管理：我国环境治理体系的转型》，载《上海管理科学》2008 年第 2 期。

194. 蒂姆·佛西、谢蕾：《合作型环境治理：一种新模式》，载《国家行政学院学报》2004 年第 3 期。

195. 黄静、张雪：《多元协同治理框架下的生态文明建设》，载《宏观经济管理》2014 年第 11 期。

196. 竺乾威：《从新公共管理到整体性治理》，载《中国行政管理》2008 年第 10 期。

197. 马晓明、易志斌：《网络治理：区域环境污染治理的路径选择》，载《南京社会科学》2009 年第 7 期。

198. 刘波、王力立、姚引良：《整体性治理与网络治理的比较研究》，载《经济社会体制比较》2011 年第 5 期。

199. 沈海军：《政府治理模式演变的新趋势：契约治理》，载《汕头大学学报（人文社会科学版）》2011 年第 4 期。

200. 卢超：《经由“内部契约”的公共治理：英国实践——评戴维斯的 Accountability：A Public Law Analysis of Government by Contract》，载《北大法律评论》2009 年第 2 期。

201. 任丙强：《生态文明建设视角下的环境治理：问题、挑战与对策》，载《政治学研究》2013 年第 5 期。

202. 冯卓：《经济转型背景下我国环境治理问题研究》，载《沈阳师范大学学报（社会科学版）》2016 年第 2 期。

203. 姜爱林、陈海秋、张志辉：《中国城市环境治理的绩效、不足与创新对策》，载《江淮论坛》2008 年第 4 期。

204. 郭红燕、王华：《我国环境纠纷解决机制现状与改进建议》，载《环境保护》2017 年第 24 期。

205. 王钢：《我国环境纠纷调解现状及存在问题探析》，载《生态经济》2013 年第 1 期。

206. 孟甜：《环境纠纷解决机制的理论分析与实践检视》，载《法学评论》2015 年第 2 期。

207. 何渊：《美国的区域法制协调——从州际协定到行政协

议的制度变迁》，载《环球法律评论》2009 年第 6 期。

208. 叶必丰：《区域合作协议的法律效力》，载《法学家》2014 年第 6 期。

209. 陈光：《区域合作协议：一种新的公法治理规范》，载《哈尔滨工业大学学报（社会科学版）》2017 年第 2 期。

210. 王腾：《我国生态环境损害赔偿磋商制度的功能、问题与对策》，载《环境保护》2018 年第 13 期。

211. 郭海蓝、陈德敏：《生态环境损害赔偿磋商的法律性质思辨及展开》，载《重庆大学学报（社会科学版）》2018 年第 4 期。

212. 谭冰霖：《论第三代环境规制》，载《现代法学》2018 年第 1 期。

213. 陈可：《行政民主化发展的路径选择》，载《中国行政管理》2005 年第 7 期。

214. 王灿发：《论环境纠纷处理与环境损害赔偿专门立法》，载《政法论坛》2003 年第 5 期。

215. 王灵波：《公共信托理论在美国自然资源配置中的作用及启示》，载《苏州大学学报（哲学社会科学版）》2018 年第 1 期。

216. 杨昀：《环境治理路径的现代系统论与系统方法检视》，载《中国市场》2016 年第 34 期。

217. 蔡守秋、鲁冰清：《析法国行政法中的公产与公众公共用物》，载《宁夏社会科学》2015 年第 6 期。

218. 徐祥民、巩固：《环境损害中的损害及其防治研究——兼论环境法的特征》，载《社会科学战线》2007 年第 5 期。

219. 武建华：《从五个方面完善生态环境损害赔偿磋商机制》，载《人民法院报》2018 年 9 月 12 日 008 版。

220. 冯敬尧：《环境公益诉讼的理论与实践探析》，载《湖北社会科学》2003 年第 10 期。

221. 张乐群：《论环境 NGO 在环境公益诉讼中的困境及其出路》，载《兰州交通大学学报》2009 年第 5 期。

222. 徐靖：《软法的道德维度——兼论道德软法化》，载《法律科学（西北政法大学学报）》2011 年第 1 期。

223. 王春业：《构建区域共同规章：区域行政立法一体化的模式选择》，载《西部法学评论》2009 年第 5 期。

224. 刘瀚：《我国法律形式标准化和规范化之管见》，载《法学研究》1984 年第 6 期。

225. 龙文滨、李四海、宋献中：《环保规制与中小企业环境表现——基于我国中小板与创业板上市公司的经验研究》，载《公共行政评论》2015 年第 6 期。

226. 孟庆瑜、徐艺霄：《生态环境修复基金制度构建的实证分析与理论设想》，载《河北学刊》2021 年第 2 期。

227. 张扩振、王柏川：《慈善信托基金下的生态环境损害赔偿金管理模式探析》，载《中共山西省委党校学报》2024 年第 3 期。

228. 黄大芬、华国庆：《生态环境公益损害赔偿资金统筹监管研究》，载《学术探索》2022 年第 4 期。

229. 张寒：《民法典第 1235 条中生态环境损失和费用的规范进路》，载《法律研究》集刊 2023 年第 4 卷。

四、外文著作

230. KooimanJ. Modern Governance: New Government-Society Interactions. London: sage press, 1993.

231. UNDP, UNEP, World Bank, World Resource Institute: World Resource (2002-2004): Decisions for the Earth, Washington D. C., World Resource Institute, 2004.

232. Lemos M. C., A. Agrawal. "Environment Governance". Annual Review of Environment Resource, 2006.

233. Young, O. R. On Environmental Governance: Sustainability, Efficiency, and Equity, Boulder, C. O., Paradigm Publishers, 2013.

234. Thomas F., P. Sullivan: Environmental Law Handbook, The Scarecrow Press Inc. 2005.

235. Ross L., M. A. Silk. Environmental Law and Policy in the People's Republic of China, New York: Quorum Books, 1987.

236. Ross L. Environmental Policy in China, Bloomington: Indiana University Press, 1988.

237. Kjar A. M. Governance, Cambridge polity press, 2004.

238. Pollitt C. Managerialism and the Public Services: The Anglo-American Experience, Basic Blackwell 1990.

239. See G. Bingham. Resolving Environment Dispute: A Decade of Experience, Washington D. C.: The Conservation Foundation, 1986.

240. M. W. Morris, S. K. Su. Social Psychological Obstacle in Environment Conflict Resolution, American Behavioral Scientist, 1999.

241. Kast F. E. , Rosenzweig J. E. Organization and Management: a Systems Approach, McGrawHill, 1970.

242. Acoff R. L. Creating the Corporate Future, Wiley, New York, 1981.

243. G. Bingham. Resolving Environment Dispute: A Decade of Experience, Washington D. C. : The Conservation Foundation, 1986.

244. Henry J. Brown, Arthur L. Marriott. ADR Principles and Practice, Sweet & Maxwell, 1999.

245. John S. Dryzek. Foundations and frontiers of deliberative governance, Oxford University Press, 2010.

246. Luhmann N. , Risk: A Sociological Theory, de Gruyter, 1991.

五、外文期刊

247. Rena I. Steinzor. Reinventing environmental regulation: The dangerous journey from command to self-control. Harv. Envtl. L. Rev. 1998, 22 (1).

248. Terry L. D. Administrative Leadership, Neo-Managerialism, and the Public Management Movement. Administration Review, 1998, 58 (3).

249. Ross L. The Implementation of Environmental Policy in China: A Comparative Perspective. Administration and Society, 1984, 15 (4).

250. Kooiman J. Social-political Governance, J. Kooiman (ed.) Modern Governance. sage 1993, 4.

251. B. van Rooij. The People vs. Pollution: Understanding Citizen Action against Pollution in China. Journal of Contemporary China, 2010 (19).

252. Robert N. Stavins. Vintage-Differentiated Environmental Regulation. Stanford Environmental Law journal 2006 (25).

253. Klijin. Facing management choices: an analysis of managerial choices in 18 complex environmental public-private partnership projects. International Review of Administrative Sciences, 2015. 74 (2).

254. Garrett Hardin. The Tragedy of Commons. Science, 1968 (7).

255. Taehyon Choi. Information Sharing, Deliberation, and Collective Decision-Making: A Computational Model of Collaborative Governance. Doctoral Dissertation of University of Southern Californi, 2011 (4).